HISPANIC TEXTS

general editor Professor Peter Beardsell
   Department of Hispanic Studies, Univer

series previously edited by Emeritus Profe

series advisers
Spanish literature: Professor Jeremy Lawra
   Department of Spanish and Portuguese S
US adviser: Professor Geoffrey Ribbans, Brown University, USA

Hispanic Texts provide important and attractive material in editions with an introduction, notes and vocabulary, and are suitable both for advanced study in schools, colleges and higher education and for use by the general reader. Continuing the tradition established by the previous *Spanish Texts*, the series combines a high standard of scholarship with practical linguistic assistance for English speakers. It aims to respond to recent changes in the kind of text selected for study, or chosen as background reading to support the acquisition of foreign languages, and places an emphasis on modern texts which not only deserve attention in their own right but contribute to a fuller understanding of the societies in which they were written. While many of these works are regarded as modern classics, others are included for their suitability as useful and enjoyable reading material, and may contain colloquial and journalistic as well as literary Spanish. The series will also give fuller representation to the increasing literary, political and economic importance of Latin America.

Short fiction by Spanish-American women

MANCHESTER
UNIVERSITY PRESS

HISPANIC TEXTS

Short fiction
by Spanish-American women

edited with introduction, critical analysis, notes and vocabulary by

Evelyn Fishburn

Manchester University Press
Manchester and New York

distributed exclusively in the USA by St. Martin's Press

Published by Manchester University Press
Oxford Road, Manchester M13 9NR, UK
and Room 400, 175 Fifth Avenue, New York, NY 10010, USA

Distributed exclusively in the USA by
St. Martin's Press, Inc., 175 Fifth Avenue, New York, NY 10010, USA

Distributed exclusively in Canada by
UBC Press, University of British Columbia, 6344 Memorial Road,
Vancouver, BC, Canada V6T 1Z2

British Library Cataloguing-in-Publication Data
A catalogue record for this book is available from the British Library

Library of Congress Cataloging-in-Publication Data applied for

ISBN 0 7190 5286 6 *hardback*
　　 0 7190 4744 7 *paperback*

First published 1998

02　01　00　99　98　　　　10　9　8　7　6　5　4　3　2　1

Typeset in Times
by Koinonia, Manchester
Printed in Great Britain
by Bell & Bain Ltd, Glasgow

Contents

Acknowledgements

In compiling this anthology I have accumulated a number of debts of gratitude. The first, and foremost, is to my students of SL206, a course at the University of North London that studies Spanish American literature from a predominantly feminist perspective: many of the ideas expounded in the Introduction were shaped during class discussions over the last few years. Also, to Dr Linda Craig and Professors Gwen Kirkpatrick, and Catherine Davies and, not least, Peter Beardsell, who all read the manuscript at different stages. Linda saved it from many stylistic infelicities, Gwen offered valuable advice, particularly on the early wave of feminism in Latin America, Catherine made constructive comments on the overall organisation and individual essays, and Peter, the series editor, provided editorial expertise and continued enthusiasm and support.

To my husband Freddy, my thanks, as ever.

Introduction

The background

This book has been conceived in response to a growing interest both in Spanish American fiction and in women's writing. Spanish America became the focus of attention in the decade of the sixties during the so-called Boom years, which saw the publication and major success of novels such as *La muerte de Artemio Cruz* (1962) by Carlos Fuentes, *La ciudad y los perros* (1962) and *La casa verde* (1966) by Mario Vargas Llosa, *Rayuela* (1963) by Julio Cortázar, and, most famously, *Cien años de soledad* (1967) by Gabriel García Márquez. This is to name but a few: the list could, and possibly should, include works by Carpentier, Asturias, Jorge Amado and many others whose writings added to the general feeling that the new, exciting literature was coming from a hitherto neglected area, Latin America.

Many reasons are given for this enthusiasm which some have traced back to the Cuban Revolution and the effect it had upon raising an awareness of things Latin American. Although there is no doubt that literary excellence was the main reason for the unprecedented success, this is not to imply that there had been no previous literature of world stature in Latin America, or Spanish America. On the contrary, Jorge Luis Borges and Juan Rulfo, arguably the greatest writers in Spanish of the century, produced their masterpieces in the forties and fifties, but they did not achieve the instant international reputation of the later writers. Nevertheless, their innovative style freed the Spanish language from the heavy academicism of their predecessors and they became crucial precursors of the experimental literature of the Boom. But there was another, perhaps deeper reason for the international success of Spanish-American literature, which arose from a feeling in the West that the traditional ways of thinking and representing reality had been exhausted. The predominance of reasoned causality became vulnerable in the wake of the disasters of two World Wars, and people began to look to cultures other than their own and other ways of apprehending reality.

The novels of the Boom, experimental in form and content, addressed themselves to this demand for 'difference'. It was not a need for escape into exotica, but an alternative vision such as the magic realism of *Cien años de soledad*, that fuelled the imagination of literally millions of readers world-wide. It was as if the cerebral experiments of Surrealism and the *Nouveau Roman* had come alive, in real-life situations which showed a different way of engaging with reality and history and politics. The incongruous sight of a replica of a rococo palace, *Sans Souci*, in the middle of the Haitian jungle awakened in Carpentier the realisation that what was one of the basic tenets of Surrealism, the linking of disparate objects to produce a novel effect, was part of everyday existence in Latin America. In the words of Alejo Carpentier, the coiner of the phrase *lo real maravilloso*, here was a continent in which the convulsive juxtapositions which the surrealist had pursued in the search for a new aesthetics existed naturally. There were signs everywhere of different cultures at different levels of development and with different world views existing side by side. Magic Realism, a term much abused today, expresses in its easy paradox, the natural acceptance of the contradiction that what is magical for one culture is real for another.

The Boom was mainly a male-centred phenomenon. But it coincided with an international awakening of interest in women's writing in the sixties, which stemmed equally from a general dissatisfaction with traditional humanist values. This radical movement not only challenged rational causality as the dominant explanation of the workings of the universe but also sought to dislodge the accepted representative of these values, the white middle-class male, from his central position of power. There was a crucial awareness that what had been considered nature's norm, the seemingly innocent and transparent relating of events from a male-oriented viewpoint, was no more than that: one version among many possible versions relating to reality. Structuralist ideas about the arbitrary (as opposed to natural) link between words and reality drew attention to language as a value-laden system of representation, loaded in favour of the feelings and interests of a particular (usually dominant) group whose meaning could never be fully grasped. According to Post-structuralists such as Derrida, writing was subject to continuous deferral of meaning and therefore endless revision and reinterpretations.

The clearest exponent of the groundbreaking significance of these ideas, although not the easiest to read, was Jaques Lacan, a French psychiatrist whose revisionist reading of Freud offered new and revolutionary insights into the way in which language is institutionally 'already there', shaping our perceptions and possibilities of expression at the level both of society and of the individual. According to Lacan's famous theory of the 'mirror stage', sometime between the ages of seven and eighteen months baby infants realise their separateness from their mother and the rest of the world around them, their awareness of this separation gradually being reinforced through the pressures of language. Lacan terms this process of awareness as the entry into the Symbolic Order, by which he is referring to the mainly linguistic represention of all human culture and society according to the criteria of a dominant group. The revolutionary importance of Lacan's ideas resided in the fact that if 'representation' was held to be partial, biased or expedient, its 'truth value' was compromised, and groups that felt themselves to have been marginalised from representation by the Symbolic Order began to question its claims to absolute validity and to look for ways of subverting it. Women constituted one of the largest and most significant groups to feel this representational exclusion from a Symbolic Order which was essentially patriarchal. What is meant by this term is the equation of maleness with the norm: in a patriarchal system men's needs and views hold a privileged, central position and women are thought either to concur with this position unproblematically, or their 'difference' is considered simply a variation of the masculine model. What had, throughout the ages, been accepted as the 'natural order' of events was now, in the aftermath of Structuralism, declared to be no more than the outcome of a particular power structure and as such, subject to change. Women's reaction to these new insights lay at the foundation of the feminist movement in one of its principal concerns: the relationship between women and power. The representation of 'the female' was to become of crucial importance in this struggle.

Feminism and literature

Initially, feminism grew in strength primarily in the political field, after the increasing success of the suffragette movement. It soon made its impact in academic institutions, many of which set up courses in Women's Studies; and in literary institutions, such as publishing houses, devoted exclusively to literature by women. The seventies and eighties saw a significant rise in the publication of works written by women.

Twentieth-century philosophy has emphasised the importance of language as being our means of access to reality. In the light of this observation it follows that literature, one of the most powerful vehicles for the expression of language, has a fundamental role to play in constituting our ways of thinking and establishing our cultural norms. As stated by Catherine Belsey, fiction is often the unconscious source of the images we have of ourselves and the world.[1] With the realisation of this coercive power of fiction came a parallel realisation that the fictional canon that had been instrumental in shaping our self-knowledge was overwhelmingly a patriarchal construct, consisting mainly of works that related to the

1 *Bloomsbury Guide to Women's Literature*, ed. Claire Buck, London: Bloomsbury Reference, 1994, p. 238.

ix

experiences of a relatively small but powerful group of men, or to their account of female experience imagined in accordance with their own patriarchal world view. This may be a simplistic and reductionist description of our great literary tradition, but it is true nonetheless. One of the crucial problems that faced feminism was how to react to the pressures of this established and accepted tradition. Alternative revisionist readings were offered in an effort to persuade both women and men that their most cherished works of literature were not objective or 'true' representations of life, but constructions of an emotional and mental universe from a particular and not universal angle. This was just the first task in dismantling the hegemony of the literary canon. 'Images of women', the laying bare of the biases in the portrayal of female characters and qualities, became an important exercise in denouncing the (possibly subconscious) manipulative tactics of fiction. Another task was to attempt to establish a female tradition of writing by seeking out works written by women authors in earlier centuries: with few exceptions, fiction written by women seldom found its way to the printing press, their private musings considered peripheral and surviving mostly in diary or letter form. Some pioneering work in recovering old texts was undertaken by Beth Miller in her edited collection of essays, *Women in Hispanic Literature: Icons and Fallen Idols* (Berkeley, 1983). However, the feeling that women had been inadequately represented in the past led to a keen interest not only in recovering lost literature by women, but in creating a corpus of literature written by women, about matters which concerned them primarily and which were addressed to a predominantly female readership.

The project of establishing a rival canon of female writings was not without its problems. One was that the authoritarianism of the male model would be perpetuated but in reverse. Moreover, even if women were not writing within the male model, they would still be writing against it and with a view to competing for pre-eminence of influence. A more pressing concern was the possible ghettoisation of women's writing, the danger that it would be considered a separate and discrete genre, of interest only to other feminists. Lastly, there existed the fear that by seeking to vindicate 'the female' in women's lives, the variety, complexity and uniqueness of their experiences would become essentialised as one overriding voice: whether as that of victim of society, or pioneer in a struggle of liberation, always as Nature's daughters – the bearers of certain qualities considered essentially female such as irrationality and passion.

Another crucial consideration was the need to renovate the existing language, which, if irremediably patriarchal, could ill serve women to express a female identity. One of the strategies was for women to 'speak with forked tongues' using the existing discourse. but in a deterritorialised way, by not placing themselves at its centre but at its margins, approaching it not headlong but obliquely, and making it turn in on itself in ironic questioning. The existing edifice had to be undermined in order to build anew, and various methods were employed in this process. Women writers found a more open, fluid form in which to write, with less rigid adherence to syntactical and thematic coherence; they used humour as a potent weapon to dismantle traditional stereotypes and extended the boundaries of what was permissible in 'serious literature', blurring the accepted hierarchical divisions of genre. Female eroticism was presented in a way that did not conform to traditional images; violent imagery was used to destroy stereotypes and also as an avenue to self-knowledge.

The short story in Latin America

The short story belongs to a particularly strong tradition in Spanish American literature dating back to the Romantic era of Echeverría's 'El matadero' (1837?, published 1871). Didactic and political in tone, its initial popularity and diffusion owed much to the rise of journalism. With the advent of Modernism, the genre's realist pretensions of objectivity, and concerns with social problems, gave way stylistically, to a greater concentration on narrative and structure, and thematically, to incursions into the abnormal and fantastic. With the *ficciones* of Borges, the Spanish-American short story acquired world-wide repute, and it should be noted that all the major Boom writers listed earlier published important collections of short stories. Until recently few, if any, of the many anthologies of short stories included women authors. This is no longer the case: Celia Correa de Zapata and Lygia Johnson, in *Detrás de la reja* (Caracas, 1980), were among the first to edit and compile an important collection of short stories by Latin American women; many have followed since.[2] Similarly, the repeated statement that women are left out of general literary critical studies no longer applies as there is now a long and distinguished bibliography of critical essays on feminist writings.

What is a short story? Why has it found such favour in developing economies and among women? There are a great many definitions of the short story, some of them contradictory. Where they all coincide is on the matter of length (it has to be able to be read in one session, without a break) and in the unity of its effect. Written in prose like the novel, but sharing with poetry the metaphoric quality of language, the short story's

[2]Daniel Balderston, in his invaluable annotated guide to anthologies of short stories, *The Latin American Short Story*, New York: Greenwood Press, 1992, lists many anthologies of stories written exclusively by women and also mixed anthologies in which there is increasing women's representation.

relationship to the novel has been memorably compared by Cortázar to that of a single shot photograph and a feature film: the former intense and explosive; the latter paused and leisurely – of cumulative effect.[3] The comparative low cost of its publication, and the fact that it could be included in newspapers and periodicals, meant that short stories had the possibility of reaching a wider audience in countries where the diffusion of books was extremely reduced. Similarly, it meant that it was a task that could more easily be undertaken by non-professional writers, whose time and opportunity for writing was limited, which was, and perhaps still is, the case of many women writers.

An overview

Brevity, intensity, concentration on few characters in an often confined setting, and a single anecdote are among the most frequently mentioned characteristics of the short story. Many rely upon an unexpected ending for their ultimate effect; all depend, in Cortázar's words, upon a language that transcends the boundaries of the ancedotal interest of the story.[4]

Each of the five stories that comprise this anthology relates to these 'qualifiers' in different ways, but each is a small masterpiece of the genre. In choosing them, I have tried to offer stories that were written at different times and in different parts of Spanish America. My prime consideration was not representative variety but literary excellence; the ultimate decider was personal preference.[5]

Although in my introduction to the stories I discuss each one differently, but all from a predominantly feminist perspective, this does not imply that the writers in question engaged explicitly with feminism. Bombal and Ocampo, for example, wrote mainly before the rise of the more recent wave of feminism as a radical and strategic movement, and Ferré's feminist polemicism as expressed in her non-fictional writings is very subtly problematised in her best fiction. As women writing about women, however, they have all contributed in some way to the creation of a literary tradition of 'difference', a discursive space in which 'another way to be' (to use Castellanos's famous line in the title poem of her anthology, *Meditación en el umbral*, 1985) can be articulated.

At first sight, 'La historia de María Griselda' does not conform to some of the essential qualifiers of the short story, in that its length only just

[3]J. Cortázar, 'Algunos aspectos del cuento', *Casa de las Américas*, La Habana, II (15–16), 1962–63, pp. 5–6.
[4]'... esa fabulosa apertura de lo pequeño hacia lo grande', *ibid.*, p. 10.
[5]Myriam Yvonne Jehenson, in *Latin-American Women Writers*, Albany: State University of New York Press, 1995 shows the variety of women's writing in terms of class, race and gender.

allows it to be read in a single session. Although it is set in the enclosed atmosphere of the family estate, and all the characters are focused upon the eponymous heroine, the story lacks compactness and intensity, and its 'conflict', the effect of the heroine's beauty, lacks resolution. Bombal's appeal lies in her sensuous, lyrical language – the expression of a particularly feminine sensibility. Her writings lay bare the tedium of women's lives, their marginality and their futility. Bombal has been accused of perpetuating an essentialist conception of woman by identifying her with the forces of nature. This may be so, but it should be borne in mind that it is not the idealisation of the union of passive woman and nature, but its complex and disruptive potential, that her hesitant, fragmented prose illustrates. Unstructured, ethereal and diffuse, 'La historia de María Griselda' dispenses with the tautness of the patriarchal model whilst achieving a lyrical intensity which remains unmatched.

At first glance there appears to be little held in common between Bombal and Somers. The former is inward looking, delicate; the latter evokes comments such as 'sordid', 'shocking' and 'grotesque'. The conflict in 'El derrumbamiento' is implicit rather than explicit, in that it concerns the exposing of the opposition between the mythified image of women as 'saints', and the reality of their far from saintly desires. The story takes place in the highly charged, isolated atmosphere of a dilapidated shack and is played out between a main character, the Virgin Mary, and her unhappy foil. The supernatural element, the coming alive of the Virgin Mary, is used as the means of dealing with the hitherto unexpressed aspects of women's desire. The cruel, callous ending upturns all expectations. Yet whilst it is the transgressive aspect of this story which is of greatest interest from a feminist perspective, it is the aesthetic quality of Somers's prose which allows her work to transcend the purely polemical and give it an appeal that will survive its shock value. 'El derrumbamiento' is an incontrovertibly feminist text *avant la lettre*, with its uncensored relation to the female body, sexuality and pleasure. Yet the events described are always double-edged, occurring both on a disturbingly realist and symbolic plane.

The inclusion of Castellanos was an obvious choice as she is deservedly considered by many the most important female writer in Spanish of her time. As with the previous stories, the conflict in 'Lección de cocina' is not at the level of 'events' but concerns the opposition between a woman's social role and her private self, thrown into relief by marriage. The story is a supreme example of how irony can be made to work at many levels, against self, accepted modes of thought and, ultimately, against the reader. Through the mocking repetition of patriarchal truisms, Castellanos offers a humorous, though poignant exposure of their absurdity: machismo is undermined not only because it is shown to be unjust but because it is unheroic and shabby. Castellanos's perfect choice of the story's central metaphor, the roasting of a piece of meat, investing it with a complex variety of meanings, gives this story that special degree of intensity so valued by Cortázar in his discussion of 'el perfecto cuentista'.

Ferré is a writer from a different generation in which confrontational issues such as demythification, transgression and subversion were an accepted, not to say an expected part of the feminist agenda. The excitement of her fiction lies not simply in the always original subject matter of her stories, but in the dazzling imaginativeness of her writing. 'Mercedes Benz SL220' evolves around four characters and, although it has several settings, the parents' home, the young couple's home and garden, and the car making its way along the streets of the city, it can be argued that these places flow into each other constituting one arena where a powerful power game is played out. Unlike the previous stories, there is, in 'Mercedes Benz SL220', a strong element of suspense. But its resolution is not at the centre of the story. What lies here is the conflict between the possession of power and powerlessness. What I admire most, is the way Ferré has not allowed heartfelt dogma to dominate her story. Her neat presentation of four characters is not simply divided according to schematic gendering, but shows the continuous overlap of male and female attributes, and the complexity of power and power relations. Uniquely, Ferré has created unlikeable female characters.

Ocampo was my foremost choice, for the unusual quality of her imagination and the delicate balance between reason and derangement, expressed by means of her tightly controlled prose. Ocampo's later story, 'Soñadora compulsiva' shares with Somer's 'El derrumbamiento' a strange, oneiric quality, belonging to the realm of the fantastic, not so much because fantastic events occur within it, as because of the manner in which they are told. In this story, the hallmark of Ocampo's narrative, the tension between a totally rational, matter-of-fact style relating incidents which are disconnected, illogical, beyond explanation, is taken to new extremes. Like most of the stories in this anthology, it differs from the traditional norm in that its tension and intensity are not based on the demands of the plot but on the atmosphere created by the narrative. The conflict here is not explicit but concerns the unspecified tension felt by the young protagonist in having to face the demands of home and school, so different from those of her dreams. As the story progresses, the demarcation line between dream and reality becomes increasingly blurred, as does that of sanity and madness. Ocampo was a pioneer in breaking with traditional moulds of writing about everyday reality, her greatest contribution being to have made nonsense into a positive literary goal.

Five stories with critical introductions

María Luisa Bombal (Chile 1909?–80)[1]

Although Bombal's writings predate the upsurge of what is considered feminist fiction in Spanish America, she is included in this anthology because there are elements in her work which show her to be an important precursor of that movement, if movement it be. The reason for this is that while Bombal's work does not seek to subvert and change traditional (patriarchal) narrative it focuses on the lives of women from an exclusively female perspective, placing that which had been considered marginal and unimportant to the functioning of society at its centre of consciousness. In so doing, Bombal has given prominence to a special kind of sensitivity. It is not just that her novels and short stories deal principally with the plights of women, but they do so in a language and from a perspective which is at odds with the more forceful and direct approach of the traditional (realist) novel prevalent in Chilean literature at the time. Her world is that of the senses, of dreams and irrationality and of a special affinity with Nature.

One of the criticisms often voiced regarding women's writing is that on the one hand it is largely autobiographical, and on the other, that whatever its thematic content, it is usually interpreted along anecdotal autobiographical lines. Given the intensely personal nature of Bombal's writing, I shall justify both these criticisms and begin by pointing out some of the more relevant biographical details. She was born in 1909 in Viña del Mar, a seaside town in central Chile into an upper-class family. Twin sisters were born a year later and in time María Luisa became deeply conscious of not being as pretty as them, a sentiment that was translated into a fatal obsession in 'La historia de María Griselda' (p. 11) (hereinafter referred to as 'María Griselda'). Bombal spent her formative years in Paris, where she read widely and mixed with many of the leading literary and artistic figures of the time. Her earliest and most enduring literary influence was *Victoria*, a romantic novel by the Norwegian Knut Hamsun. As recalled in an interview towards the end of her life, it was not so much its style and subject matter that made the deepest impression upon her as its sense of wonder at the perfection of beauty, a theme which she

[1]As is often the case with Spanish-American women writers, there is a certain lack of precision regarding their date of birth, as is the case with four out of the five writers included in this anthology. Bombal's date of birth is also given as 1910.

3

reworked in all its contradictions in 'María Griselda'. The tales of Grimm and Perrault were also seminal influences upon her imagination.[2]

She returned to Chile in 1930 where she met Eulogio Sanchez Errázuriz, and fell passionately in love with this older, married man. Her sentiments were not returned with equal force, and, afraid of remaining a spinster, she contracted a loveless marriage with the painter Jorge Larco in 1935. But when many years later, at about the time when she was writing 'María Griselda', she found out that Eulogio Sánchez was happily married for the second time to someone else she became so utterly distraught by this news that she purposely and single-mindedly tracked him down in the street and shot him, an act of violence echoed in her story. Sánchez survived and forgave her, but she was charged and though later acquitted, had to leave Chile. The reason she gave for this extraordinary occurrence was that she shot him vicariously because he was 'un ser maléfico' (an evil being) who represented all that was wrong with her life. She went to live in New York where, in 1944, she married the exotically named Count Fal de Saint Phalle y Chavannes with whose help she took up a different form of writing (largely film scripts) which she translated into English. She did not return to Chile until 1973, and died in Santiago in 1980.

'María Griselda' is Bombal's last published work. It was written during the early forties and appeared in 1946 in the influential Argentine magazine *Sur*. It was published in New York that same year, but not in Chile until many years later, in 1976. It reflects many aspects of the author's life such as her suicidal tendencies, her obsession with good looks, her uncontrollable passion and aggressivity, and above all the depiction of essentially loveless marriages. The story, or more properly, novella, is centred around the lives of an upper-middle class family in their large ancestral home in southern Chile. It evolved out of an incident in Bombal's earlier novel *La amortajada* (1938) in which Ana María, the dead protagonist and future narrator of 'María Griselda', remembers certain moments of her life, one of these being when she met her extraordinarily beautiful daughter-in-law María Griselda. The incident is a mere detail in the novel, but the words used are revelatory of its later treatment. It is recalled as follows: 'Yo fui la única que logró *perdonarte* tanta y tan inverosímil belleza' (my emphasis) and indeed, María Griselda's beauty and the unhappiness it causes constitutes the axis of the story.[3] At the realist–dramatic level, it is the cause that unites the family under one roof

[2]These and other biographical details may be found in Agata Gligo, *María Luisa (Sobre la vida de María Luisa Bombal)*, 2nd edn, Chile: Editorial Andres Bello, 1988. For details of her interview on 14 December 1979, *see* fn. 1, p. 174.

[3]Bombal inserted this novella in her own translation of *La amortajada* (*The Shrouded Woman*, New York: Farrar, Strauss & Co., 1948, pp. 40–65). I am indebted for this information and much else to P. A Odber de Baubeta.

although they live deeply divided, every one of them affected by the tensions produced by María Griselda's beauty.

The story opens with the arrival of Ana María (the dead protagonist from 'La amortajada') to the family home in reply to an alert from the old family retainer, Zoila, as to the disarray of her children's lives. Alberto, her eldest son, has married María Griselda against the family's wishes, and has gone to live with her in the family's *fundo*.[4] There he was followed by his brother Fred and his young wife Silvia who had heard rumours of María Griselda's exceptional beauty and felt the uncontrollable urge to test her husband's love by measuring her own looks against those of her sister-in-law. Anita, the daughter, chose also to live in the *fundo* because she was in love with Rodolfo, an acquaintance of the family and general manager of the estate. But Rodolfo, too, succumbed to María Griselda's attractions, and his feelings for Anita became less intense: her response, it is insinuated, was to pressurise him into having an affair and become pregnant by him, thus hoping to force him into marriage. Ana María is resolved to confront her daughter-in-law and restore order in the family. She listens to each member of the family in turn, their stories building up a baffling image of María Griselda. Everyone has only praise for her exceptional beauty, and her docility and kindness, yet it is clear that her (unwitting) effect upon them is wholly destructive.

Hoping to meet María Griselda, Ana María goes into the woods accompanied by Rodolfo who tells her about the darker side of her daughter-in-law's nature, her outbursts of temper against the insects swarming on the tree trunks, and her almost supernatural affinity with the Malleco river in whose waters she often bathes. The two women do not meet. Later on, talking about María Griselda, Fred confesses that he is not directly in love with her but feels her as his Muse, a source of artistic inspiration and self-knowledge. His remarks are overheard by his wife Silvia who, in despair, shoots herself. The family's reaction to this fatal event, however, is to worry about how this piece of news would affect María Griselda, and this is the moment when mother and daughter-in-law finally come face to face. Like everyone else, Ana María succumbs to the power of María Griselda's beauty but she alone discerns its sadness and is overwhelmed by a deep feeling of sympathy for her. The story ends on a down beat, with doomed prognostications for Anita and Rodolfo's marriage.

'María Griselda' is not a carefully rounded literary work. For many years, Bombal thought of it as 'unfinished' but after much deliberation sent it to her friend Victoria Ocampo, the feminist director of *Sur*, to be published in its present form. Its very lack of a conventional structure is part of its message of incommunication and desolation. The opening, the

[4]The name given to a country estate in Chile.

arrival of the narrator at her ancestral home, may seem to promise some degree of self-revelation, but the narrative focuses instead upon the character of the eponymous heroine, whilst the ending goes off seemingly at a tangent, with a note of warning for Anita, a minor character. There is no cathartic happening: the only event bearing any kind of consequence is Silvia's suicide, but, as mentioned, this incident is not dwelt upon; nor is there a sense of order restored given at the conclusion. What we have is a series of fragmented reminiscences which are presented without any explanatory passages to provide the usual links. The effect of this is to show an escape from the world of causality into a subjective inner realm which does not obey the dictates of pragmatic rationality. The narrative supports this antirealist aesthetic in sentences that are often truncated, lacking a main verb, and whose signifying force is in the poetic quality of the prose. The language used by Bombal is emotionally intense, sensorial and suggestive. What strikes the reader, in Kostopulos-Cooperman's words, is Bombal's development of 'a lyrical and feminine perspective of the self and its relationship to the world around it'.[5] There are few descriptive passages other than those conveying a particular mood or emotion.

Bombal's narrative is not focused on the world of social reality, yet this has a background role in its representation of Chilean bourgeois family existence. It conforms to a very conventional picture of a large family living in the ancestral home largely free from financial problems, their household cares catered for by an old family retainer. It is an enclosed 'feminine' world of claustrophobic intensity. There are, of course, several male characters, but they are presented, like the women, in terms of their family roles, and not in terms of the world outside which is shown as bearing little relevance to the setting of the story. But there is a difference in gendered terms: although all the characters in 'María Griselda' (with the exception of the conventionally all-knowing servant Zoila) are unhappy, and suffering from a sense of incommunication and unattainable love, the men are expected to follow a career (Fred is derided for not having finished his law studies; Alberto and Rodolfo are expected to manage the estate), whilst the women are wholly preoccupied by their emotional problems. If we accept, as Doris Sommer argues, the links between the construction of the novel and of the nation, we would see in 'María Griselda' a clear example of the family as a powerful hierarchical structure based upon a fairly rigid and ordered class and gender structure of a ruling white elite.[6] The question to ask is whether this portrayal of

[5]Celeste Kostopoulos-Cooperman, *The Lyrical Vision of María Luisa Bombal*, London: Tamesis, 1988.

[6]Doris Sommer, *Foundational Fictions: The National Romances of Latin America*, Berkeley, Los Angeles, Oxford: University of California Press, 1991.

upper-class existence shows the limiting of Bombal's work to the inconsequential preoccupations of the futile lives of the Chilean bourgeoisie, or whether Bombal's narrative is subversive in that it depicts conventional marriages as inevitably leading to feelings of hopelessness and frustration, thus offering, implicitly, a strong critique of the system. There can be no firm answer to this question, for both readings operate simultaneously. But what is innovative, and potentially subversive in this story, is the creation of an imaginative female space where women are not relegated to the conventional role of man's 'other', but where they and their fantasies occupy centre stage.[7]

A hitherto unnoticed feature of 'María Griselda' is the absence of any display of jealousy on the part of any of the male characters. Alberto, for example, is intensely jealous of his wife's independent inner life, but not of his brother's or his brother-in-law's infatuation with her. In a traditionally *machista* society, whose literature is still inscribed with the legacy of the Calderonian code of honour (*el pundonor*, in which the slightest attention to a married woman is the cause of inevitable bloodshed), this constitutes a remarkable change of focus. Bombal seems sensitive to female rivalry but not to its male counterpart. There is one incident of female rivalry, however, which develops into an unusual harmonious relationship. Ana María and María Griselda are normally seen as antagonistic characters in view of the former's hostile attitude at the beginning of the story. But the expectation of conventional mother and daughter-in-law opposition, built up at every turn in the story by the evidence of the effect María Griselda has upon the various members of the family, simply dissolves when the two women finally come face to face with each other. Contrary to the destructive effect that María Griselda's beauty has upon the rest of the characters, and for which she disarmingly but knowingly asks forgiveness, Ana María succumbs to her beauty and is overrun by a wave of sympathy and tenderness. One way of reading this incident is to see the two women as complementing each other: the one dominant in an outward, social sense by virtue of her position within the family, and the other exerting an irrational and irresistible magnetism over all that surrounds her. In this reading, each is the 'shadow' of the other, that is, the repressed side of their personality which is brought to the surface by their encounter. I tentatively suggest that the name María, admittedly extremely popular in Catholic societies, links the two women, perhaps not only to each other but also to the contradictions of their author, Luisa María Bombal.

One of the most striking aspects of 'María Griselda' lies in the numerous allusions to the world of fairy tales. The first indication of this

[7]See Marjorie Agosín, *Las desterradas del paraíso, protagonistas en la narrativa de María Luisa Bombal*, Montclair, N.J.: Senda Nueva de Ediciones, 1983.

is in the title itself: Griselda is an unusual name in Spanish, and the reference to the tale of the patient Griselda in the last tale of Boccaccio's *Decameron* is manifest: the heroine is severely tested by her noble husband and yet she suffers every misfortune with the utmost forbearance, submitting in all instances to her husband's cruel whims. The tale is clearly meant to be exemplary and Griselda is a model of wifely obedience as her words indicate: 'My lord, content yourself and do what is pleasing to you. Do not think about me, for nothing pleases me except as it pleases you'.[8] Reared within a system in which gender roles and values reflect those learnt from exemplary fairy tales, Alberto expects a similar kind of devotion from his wife, but while María Griselda is pliant to all his wishes she reserves for herself an independence of spirit which he simply cannot tolerate. He feels utterly frustrated at not possessing her in absolute terms and displaces his fury upon some white doves belonging to his wife and by shooting them he symbolically shoots her. Thus, the happy ending of the original tale is here reversed into an act which marks the discordance of the marriage.

The story of 'The Prince and the Frog' is recalled by the presence on two occasions of a frog[9] said to be in love with María Griselda, but significantly, the repugnant animal is not converted into a prince but remains ugly, slimy and slippery, and causes Ana María to fall and hurt herself. The promise of a special type of affinity between the beautiful 'princess' and the lowly reptile is not fulfilled: if the world of nature seems to be magnetically drawn to María Griselda, she does not always react with fabled kindness, as evidenced by her strange behaviour towards the insects on the barks of the trees. We recall that she flagellates them, venting her fury in an action that mirrors that of Alberto's towards her doves. Traditional separation of gender roles into male activity and female passivity is momentarily subverted by this convergence of aggressivity, showing up the similarities between Alberto's and María Griselda's inner selves.

The most obvious of all the allusions to well-known fairy tales is Silvia's obsessional need to be 'the most beautiful', recalling Snow White's stepmother's plaintive cry: 'Mirror, mirror, on the wall, who is the fairest of them all?'. But whereas in *Snow White* beauty is linked with goodness and purity, (as implied in the name), and is imbued with a redemptive quality, these attributes are radically problematised in the character of María Griselda. Her extraordinary beauty is not accompanied

[8]Tenth day; tenth tale. *The Decameron*, Westminster: The Folio Society, 1955, p. 312.

[9]The original Spanish is *sapo* whose literal translation would be 'toad', but usage in Chile does not observe this strict differentiation. The masculine form of *sapo* (instead of the feminine *rana*) makes it more suitable to represent the repressed prince. Agosín interprets these incidents differently on the basis that they are toads.

solely by the usual attributes of beauty in western culture, namely, as radiating goodness and virtue. Keats's famous lines, 'Truth is beauty, beauty truth' are shown, simply, to be untrue. For although according to all the reports María Griselda shares in these positive qualities, a darker side co-exists with them. Not only is the beautiful woman not pure goodness, but the quality of beauty is itself presented as having a strangely malefic power which is more of a curse than an asset, causing her to spread unhappiness and destruction in her wake. But María Griselda does not belong to the tradition of the *femme fatale*, indulging in the evil seduction of beauty, for she cannot actively control her beauty: she has neither power over it nor does she take pleasure from its ravages. In a sense her gift of beauty may be compared with the legendary 'golden touch' granted to King Midas. But it differs in that María Griselda's gift cannot be reversed and there is no moral lesson to be learnt.[10]

Beauty is clearly demythologised in this story. What comes to the forefront is the oppressive nature of a system within which beauty and its attendant attributes are the dominant requisites imposed upon women. The point in destabilising the conventional depiction of beauty seems to be to rebel against this patriarchal imposition which judges women by the surface level attributes imposed upon them by men for their own delectation. I do not believe this to be an anti-aesthetic stance, but one that seeks to emphasise the neglect of women's own needs and values in patriarchal society. As if to emphasise the point further, María Griselda is shown to be misunderstood and living in total inner isolation within the captivity imposed upon her.

Some of the pre-requisites of conventional fairy tales are: one, the isolation of the protagonist as one of the governing principles in the fairy tale; two, that the beauty of the heroine will be the cause of much trouble and intrigue; and finally, as in *Sleeping Beauty*, she will be awoken and set free by 'a noble prince who battles his way through the hedge of thorns to rescue her'. As observed by Bettelheim, all fairy tales have a happy ending.[11] None of these expectations is fulfilled in 'María Griselda': the

---

[10]Midas's request that everything he touch be turned to gold was granted. But as his food became gold the moment he touched it, he prayed successfully to the gods to take their favour back.

[11]Bettelheim discusses the need for fairy tales to end happily in order to offer a solution to children's anxieties. See B. Bettelheim, *The Uses of Enchantment*, London: Thames and Hudson, 1976, pp. 10–11, 230. For a fuller discussion of Bombal's 'inversion' of fairy tales, see Agosín, *Las desterradas del paraíso*, and Verity Smith, 'Dwarfed by Snow White: Feminist revisions of fairy tale discourse in the narrative of María Luisa Bombal and Dulce María Loynaz', *Feminist Readings on Spanish and Latin-American Literature*. Ed. by L. P. Condé and S. M. Hart, Lewiston: Edwin Mellen Press, 1991, pp. 137–49.

protagonist remains isolated except for the flicker of sympathy received from Ana María. The rest of the family are magnetically drawn to her but are centred on the destructive effect this has on their own lives without ever considering María Griselda's feelings. No Prince Charming comes to her rescue. She will continue to lead her trapped existence, weighed down by the resentment of all who surround her. The final note is a far cry from the usual prognosis of domestic bliss: 'and they lived happily ever after'. Ana María forecasts for her daughter's marriage a life of evasion, 'ese eludir o perder nuestra verdadera vida, encubriéndola tras una infinidad de pequeñeces con aspecto de cosas vitales' (p. 30).

Rewriting fairy tales has become a popular exercise in recent years, most notably as in Angela Carter's *The Bloody Chamber and Other Stories* (Harmondsworth: Penguin, 1979), but it is worth noting that in 'María Griselda' Bombal was a pioneer of this subversive exercise. By presenting beauty as both an instrument of power and yet of strange powerlessness (María Griselda has no power over her power), Bombal exposes the paralysing effect of beauty upon its victims, thus attacking one of the unquestioned props of patriarchal thought.

La historia de María Griselda

*(en donde continúa un relato apenas esbozado en la novela
'La amortajada')*

Recuerda que nadie había venido a su encuentro y que ella misma
hubo de abrir la tranquera, mientras reteniendo los caballos, el
cochero le insinuaba a modo de consolación:

—Puede que del pueblo no hayan telefoneado que Ud. llegaba,
tal como lo dejó recomendado.

Por toda respuesta, ella había suspirado muy hondo, extenuada
de pensar en cuánto debiera sobrellevar para llegar hasta ese fundo
perdido en la selva.

El tren. El alba en una triste estación. Y otro tren. Y otra
estación. Y el pueblo, al fin. Pero en seguida, toda la mañana y la
mitad de la tarde en aquel horrible coche alquilado …

Un relámpago había desgarrado el cielo y tiritado lívido durante
el espacio de un segundo. Luego fue un golpe sordo. Un trueno. Y
otra vez el silencio espesándose.

Ella había mirado entonces a su alrededor y notado de pronto
que era casi invierno.

Un trueno. Un solo trueno. ¡Como un golpe de gong, como una
señal! Desde lo alto de la cordillera, el equinoccio anunciaba que
había empezado a hostigar los vientos dormidos, a apurar las
aguas; a preparar las nevadas. Y ella recuerda que el eco de ese
breve trueno repercutió largamente dentro de su ser, penetrándola
de frío y de una augustia extraña, como so le hubiera anunciado
asimismo el comienzo de algo maléfico para su vida …

En el último peldaño de la escalinata, un sapo levantaba hacia ella
su cabecita trémula.

—Está enamorado de María Griselda. Todas las tardes sale aquí
a esperarla para verla cuando vuelve de su paseo a caballo, le
explicó su hijo Fred, apartándolo delicadamente con el pie al parar.

—¿Y Alberto?, había preguntado ella una vez dentro de la casa, mientras comprobaba con la mirada el desorden y el abandono de las salas: una cortina desprendida, flores secas en los floreros, una chimenea muerta y repleta de periódicos chamuscados.

—Está en el pueblo. Ha de volver esta misma tarde, creo.

—¡Es una lástima que ahí que lo saben y repiten todo en medio segundo, no le contasen de mi llegada! Pude haberme venido con él.

—Fue mejor que no se viniera con él, mamá.

Una serie de veladas alusiones temblaba en la voz de Fred, quien desde que saliera a abrirle la puerta de la casa esquivaba con obstinación mirarla de frente.[1]

—Prende la chimenea, Fred. Tengo frío. ¡Cómo! ¿Que no hay leña a mano? Qué hace la mujer de Alberto? ¿Considera acaso perjudicial para la belleza ser una buena dueña de casa?

—Oh, no, no es culpa de María Griselda este desorden. Es que somos tantos y … ¡Mamá!, gimió de pronto, de la misma manera que cuando de niño corría hacia ella porque se había hecho daño o porque tenía miedo. Pero esta vez no se le abrazó al cuello como lo hacía entonces. Por el contrario. Reprimiendo bruscamente su impulso, huyó al otro extremo del hall, para dejarse caer como avergonzado en un sillón.

Ella se le había acercado y poniéndole ambas manos sobre los hombros: ¿Qué hay, Fred?, le había preguntado dulcemente. ¿Qué les pasa a todos ustedes? ¿Por qué se quedan en esta casa que no es la de ustedes?

—Oh, mamá, es Silvia la que quiere quedarse. ¡Yo quiero irme! Acuérdese, mamá, acuérdese que fue también Silvia la que se obstinó en venir …

Sí. Ella recordaba el proyecto que le confiara a ella la novia de Fred pocos días antes del matrimonio, ¡aquel absurdo matrimonio de Fred, a quien sin haberse tan siquiera recibido de abogado se le ocurriera casarse con la debutante más tonta y más linda del año!

—Le he dicho a Fred que quiero que vayamos a pasar la luna de miel al fundo del Sur.

—¡Silvia!

[1] *carefully avoided looking her in the eye.*

12

—¡Por Dios, señora! No se enoje. Ya sé que Ud. y toda la familia nunca han querido ver ni aceptar a la mujer de Alberto …, pero yo me muero de ganas de conocerla. ¡María Griselda! Dicen que es la mujer más linda que se haya visto jamás. Yo quiero que Fred la vea y diga: ¡Mentira, mentira, Silvia es la más linda!

Sí, ella recordaba todo esto, en tanto Fred seguía hablándole acaloradamente.

— … ¡Oh, mamá, es una suerte que usted haya venido! Tal vez logre usted convencer a Silvia que es necesario que nos vayamos. Figúrese que se le ha ocurrido que estoy enamorado de María Griselda, que la encuentro más linda que ella… Y se empecina en quedarse para que yo reflexione, para que la compare con ella, para que elija … y qué sé yo. Está completamente loca. Y yo quiero irme. Necesito irme. Mis estudios … Su voz, su temblor de animal acechado que quiere huir, presintiendo un peligro inminente.

Sí, ella como mujer comprendía ahora a Silvia. Comprendía su deseo de medirse con María Griselda y de arriesgarse a perderlo todo con tal de ser la primera y la única en todo ante los ojos de su marido.

—Fred, Silvia no se irá jamás si se lo pides de esa manera, como si tuvieras miedo…

—¡Miedo!… ¡Sí, mamá, eso es! Tengo miedo. ¡Pero si usted la viera! ¡Si la hubiese visto esta mañana! ¡Estaba de blanco y llevaba una dalia amarilla en el escote!

—¿Quién?

Fred había echado bruscamente los brazos alrededor de la cintura de su madre, apoyado la frente contra la frágil cadera y cerrado los ojos.

—María Griselda, suspiró al fin. ¡Oh, mamá! ¿La ves? ¿La ves con su tez pálida y sus negros cabellos, con su cabecita de cisne y su porte majestuoso y melancólico, la ves vestida de blanco y con una dalia amarilla en el escote?

Y he ahí que, cómplice ya de su hijo, ella veía claramente vivir y moverse en su mente a la delicada y altiva creatura del retrato que le mandara Alberto.

—¡Oh, mamá, todos los días una imagen nueva, todos los días una nueva admiración por ella que combatir! … No, yo no puedo

13

quedarme aquí ni un día más …, porque no puedo dejar de admirar a María Griselda cada día más …, de admirarla más que a Silvia, sí! ¡Y Silvia que no quiere irse! Háblele usted, mamá, trate de convencerla, por favor…

El tic tac de un reloj repercutía por doquier como el corazón mismo de la casa. Y ella aguzaba el oído, tratando de ubicar el sitio exacto en donde estaría colocado ese reloj. 'Es nuevo, ¿de dónde lo habrán sacado?', se preguntaba, involuntariamente distraída por aquella nimiedad mientras erraba por corredores y escaleras solitarias.

El cuarto de Zoila estaba vacío. Y era Zoila, sin embargo, la que la había inducido a franquear el umbral de esa casa repudiada.

¿No se había negado ella hasta entonces a reconocer la existencia de María Griselda, aquella muchacha desconocida con la que su hijo mayor se casara un día a escondidas de sus padres y de todos?

Pero la carta que le mandara Zoila, su vieja nodriza, habíala hecho pasar por sobre todas sus reservas.

'Señora, véngase inmediatamente para acá …', escribía Zoila. Desde que ella se casara, Zoila la llamó señora, pero, olvidando de pronto guardar las distancias, solía volver a tutearla como a una niña.

'… No te creas que exagero si te digo que aquí están pasando cosas muy raras. Tu hija Anita se sale siempre con la de ella; sin embargo, parece que esta vez no va a ser así y que hizo un buen disparate viniéndose a buscar a don Rodolfo. Si él le dejó de escribir, ¡por algo sería! Y mi opinión es que ella debió haber tenido el orgullo de olvidarlo. Así se lo dije el propio día que se le ocurrió venirse para acá. Pero a mí, ella no me hace caso… Y usted me obligó a acompañarla a estas serranías.

'Bueno, la verdad es que por muy de novio que esté con la Anita desde que eran niños, don Rodolfo ya no la quiere, porque está enamorado de la señora Griselda.

'No sé si te acuerdas que cuando me contaste que para ayudar a don Rodolfo —ya que el pobre no sirve para nada—, don Alberto lo había empleado en el fundo, yo te dije que me parecía que tu Alberto había hecho un buen disparate … pero a mí nadie me hace caso…'

Ella no se explicó nunca en vida, cómo ni por qué había encaminado sus pasos hacía el cuarto de Rodolfo y empujado la puerta… Ahora sabe que en momentos como aquellos, es nuestro destino el que nos arrastra implacable y contra toda lógica hacía la tristeza que nos tiene deparada.

Sola, echada sobre el lecho de Rodolfo y con la frente hundida en las almohadas, así había encontrado a su hija Anita.

Había tardado en llamarla.

¡Oh, esa timidez que la embargaba siempre delante de Anita! Porque Fred se defendía, pero terminaba siempre por entregársele.[2]

Y saliendo de su mutismo, el taciturno Alberto solía tener con ella arranques de confianza y de brusca ternura.

Pero Anita, la soberbia Anita, no se dignó jamás dejarla penetrar en su intimidad. Desde que era muy niña solía llamarla Ana María, gozándose en que ella le respondiera sin reparar en la falta de respeto que significaba de parte de una hija adolescente el interpelar a la madre por el nombre.

Y más tarde, con qué piadosa altanería la miró siempre desde lo alto de sus estudios.

'Tiene un cerebro privilegiado esta muchacha'. Era la frase con que todos habían acunado a Anita desde que ésta tuviese uso de razón. Y ella se había sentido siempre orgullosa de aquella hija extraordinaria, delante de la cual vivió, sin embargo, eternamente intimidada…

—¡Anita!, cuando la llamó por fin, ésta levantó hacia ella una cara entre asombrada y gozosa, e iniciaba ya un gesto de cariñosa bienvenida, cuando animada por aquella inesperada recepción, ella le había declarado rápida y estúpidamente:

—Anita, vengo a buscarte. Nos vamos mañana mismo.

Y Anita entonces había reprimido su impulso y había vuelto a ser Anita.

—Usted se olvida que pasé la edad en que la traen y llevan a una como una cosa.

Desconcertada ya a la primera respuesta y presintiendo una

<hr>

[2]*he always ended up giving in to her.*

lucha demasiado dura para su sensibilidad, ella había empezado en seguida a suplicar, a tratar de persuadir …

Anita, por ese muchacho tan insignificante, rebajarte y afligirte tú… ¡Tú, que tienes la vida por delante, tú, que puedes elegir el marido que se te antoje, tú, tan orgullosa, tú, tan inteligente¡

—No quíero ser inteligente, no quiero ser orgullosa y no quiero más marido que Rodolfo, y lo quiero así tal como es, insignificante y todo…

—¡Pero si él ya no te quiere!

—¡Y a mí qué me importa! Yo lo quiero, y eso me basta.

—¡Anita, Anita, regalona!… ¿Crees tú que es tu voluntad la que cuenta en este caso? No, Anita, créeme. Una mujer no consigue nunca nada de un hombre que la ha dejado de querer. Vente conmigo, Anita. No te expongas a cosas peores.

—¿A qué cosas?

—Ya que tú no le devuelves su palabra, Rodolfo es capaz de pedírtela un día de éstos.[3]

—No, ya no puede.

—¿Y por qué no?, había preguntado ella ingenuamente.

—Porque ya no puede, si es que es un hombre y un caballero.

—¡Anita! Ella había mirado a su hija mientras una oleada de sangre le abrasaba la cara. ¿Qué pretendes decirme?

—¡Eso! Eso mismo que acaba de pensar.

—¡No!, había gritado. Y la otra mujer que había en ella, tratándose de sus hijos, se había rebelado con inmensa cólera.

— …¡Ah, el infame! ¡El infame! … ¡Se ha atrevido! … Tu padre, sí, tu padre va a matarlo … y yo … yo … ¡Ah, ese cobarde!

—Cálmese, mamá, Rodolfo no tiene la culpa. El no quería. Fui yo la que quise. No, él no quería, no quería.

La voz se había quebrado en un sollozo y hundiendo nuevamente la cara en la almohada de Rodolfo, la orgullosa Anita se había echado a llorar como un niño.

—¡No quería! Yo lo busqué y lo busqué hasta que … Era la única manera de que no me dejara… la única manera de obligarle a casarse. Porque ahora … ahora usted tiene que ayudarme … tiene

[3]*If you don't release him from his promise one of these days Rodolfo might ask you to do so.*

que decirle que lo sabe todo … obligarlo a casarse mañana mismo … porque el pretende esperar … y yo tengo miedo, no quiero esperar … porque yo lo adoro, lo adoro …

Anita lloraba. Y ella, ella se había tapado la cara con las manos, pero no lograba llorar.

¿Cuánto rato estuvo así, muda, yerta, anonadada? No recuerda. Sólo recuerda que como se escurriera al fin del cuarto, sin mirar a Anita, aquel reloj invisible empezó a sonar de nuevo su estruendoso tic tac … como si emergiera de golpe junto con ella de las aguas heladas de un doloroso período de estupor.[4]

Bajando el primer piso, había abierto impulsivamente la puerta del que fuera el cuarto de Alberto. Y como considerara sorprendida aquel cuarto ahora totalmente transformado por una mano delicada y graciosa, oyó unos pasos en el corredor.

—¡Es 'ella'!, se dijo, conmovida bruscamente.

Pero no. No era María Griselda. Era Zoila.

—¡Por Dios, señora, recién me avisan que ha llegado! Yo andaba por la lavandería …! ¡Y nadie para recibirla!

—¡Qué pálida estás! ¿Qué, no te sientes bien?

—Estoy cansada. ¿Y eso, qué es? … ¿Esas caras pegadas a los vidrios?

—Ya se apartaron… ¿Quiénes tratan de mirar para adentro? …

—Son los niños del campero que vienen siempre a dejarle flores a la señora Griselda, ahí al pie de la ventana. ¡La hallan tan bonita! Dicen que es más bonita que la propia Santísima Virgen…

—¿En dónde está Alberto?, había interrumpido ella secamente.

Zoila desvió la mirada.

—En el pueblo, supongo … contestó después de una breve pausa, y en su voz temblaba la misma reticencia que a ella le inquietara en la voz de Fred.

—Pero, ¿qué pasa?, ¿qué pasa?, gritó, presa de pronto de una ira desproporcionada. Desde cuándo se habla por enigmas en esta casa. ¿Dónde está Alberto? Contéstame claro, ¡te lo mando!

Una cortesía exagerada y mordaz solía ser la reacción de Zoila ante las inconsecuencias o las violencias de los patrones.

---

[4]*as if it had just risen with her from the frozen depths of a painful stupor.*

—¿La señora me ordena decirle en dónde está Alberto?, le había preguntado suavemente.

—Sí, claro.

—Pues … 'tomando' por alguna parte ha de estar. Y por si quiere saber más, le diré que don Alberto se lo pasa ahora tomando … ¡él, que ni siquiera probaba vino en las comidas!

—Ah, ¡esa mujer! ¡Maldita sea esa mujer!, había estallado ella impetuosamente.

—Siempre atolondrada para juzgar Ud., señora. Nada se puede decir en contra de doña Griselda. ¡Es muy buena y se lleva todo el día encerrada aquí en el cuarto, cuando no sale a pasear sola, la probrecita! Yo la he encontrado muchas veces llorando … porque don Alberto parece que la odiara a fuerza de tanto quererla. ¡Dios mío! ¡Si yo voy creyendo que ser tan bonita es una desgracia como cualquier otra!

Cuando ella entró al cuarto, luegó de haber golpeado varias veces sin haber obtenido respuesta, Silvia se hallaba sentada frente al espejo, envuelta en un largo batón de gasa.

—¿Cómo estás, Silvia?

Pero la muchacha, a quien no pareció sorprenderle su intempestiva llegada, apenas sí la saludó, tan abstraída se encontraba en la contemplación de su propia imagen.

—¡Qué linda estás, Silvia!, le había dicho ella entonces, tanto por constumbre como para romper aquella desconcertante situación… Silvia, mirándose al espejo atentamente, obstinadamente, como si no se hubiera visto nunca, y ella, de pie, contemplando a Silvia.

—¡Linda! ¿Yo? ¡No, no. … Yo creía serlo hasta que conocí a María Griselda. ¡María Griselda sí que es linda!

Su voz se trizó de improviso y como una enferma que recae extenuada sobre las almohadas de su lecho, Silvia volvió a sumirse en el agua de su espejo.

Los cristales de la ventana, apegados a la tarde gris, doblaban las múltiples lámparas encendidas sobre el peinador. En el árbol más cercano, un chuncho desgarraba, incesante, su pequeño grito misterioso y suave.

—Silvia, Fred acaba de decirme lo mucho que te quiere…, había empezado ella. Pero la muchacha dejó escapar una risa amarga.

—Sin embargo, ¿qué cree Ud. que me contesta cuando le pregunto, quién es más linda, si María Griselda o yo?

—Te dirá que tú eres la más linda, naturalmente.

—No, me contesta: ¡Son tan distintas!

—Lo que quiere decir que te halla más linda a ti.

—No. Lo que quiere decir es que halla más linda a María Griselda y no se atreve a decírmelo.

—Y aunque así fuera, ¿qué te puede importar? ¿No eres acaso tú la mujer que él quiere?

—Sí, sí, pero no sé … No sé lo que me pasa… Oh, señora, ayúdeme. No sé qué hacer. ¡Me siento tan desgraciada!

Y he aquí que la muchacha había empezado a explicarle su mísero tormento:

'Por qué esa sensación de inferioridad en que la sumía siempre la presencia de María Griselda.

'Era raro. Ambas tenían la misma edad y, sin empargo, María Griselda la intimidaba.

Y no era que ésta fuera orgullosa; no, por el contrario, era dulce y atenta y muy a menudo venía a golpear la puerta de su cuarto para conversar con ella.

'¿Por qué la intimidaba? Por sus gestos, tal vez. Por sus gestos tan armoniosos y seguros. Ninguno caía desordenado como los de ella, ninguno quedaba en suspenso … No, no le tenía envidia. ¿Fred no le decía acaso a ella: Eres más rubia que los trigos; tienes la piel dorada y suave como la de un durazno maduro; eres chiquita y graciosa como una ardilla; y tantas otras cosas?

'Sin embargo, ¿por qué ella deseaba comprender por qué razón cuando veía a María Griselda, cuando se topaba con sus ojos estrechos, de un verde turbio, no le gustaban ya sus propios ojos azules, límpidos y abiertos como estrellas? ¿Y por qué le parecía vano haberse arreglado horas frente al espejo, y encontraba ridícula esa sonrisa suya tan alabada con la que se complacía en mostrar sus maravillosos dientes, pequeñitos y blancos?

Y mientras Silvia hablaba y hablaba, y ella repetía y repetía el mismo argumento: Fred te quiere, Fred te quiere … en el árbol más cercano, el chuncho seguía desgarrando su breve grito insidioso y regular'.

Ella recuerda cómo al dejar a Silvia, sintió de pronto esa ansia irresistible de salir al aire libre y caminar, que se apodera del cuerpo en los momentos en que el alma se ahoga.

Y fue así que como ganara la tranquera, se encontró a Rodolfo reclinado a uno de sus postes, fumando y en actitud de espera.

¡Rodolfo! Ella lo había visto nacer, crecer; frívolo, buen muchacho y a ratos más afectuoso con ella que sus propios hijos. Y hela ahora aquí[5] aceptando el beso con que él se apresuraba a saludarla, sorprendida de no sentir, al verlo, nada de lo que creía que iba a sentir. Ni cólera, ni despecho. Sólo la misma avergonzada congoja que la embargara delante de Anita.

—¿Esperabas a Alberto?, preguntó al fin, por decir algo.

—No, a María Griselda. Hace ya una hora que debiera haber vuelto. No me explico por qué ha alargado tanto su paseo esta tarde… Venga, vamos a buscarla, la invitó de pronto, tomándola imperiosamente de la mano. Y fue así como cual cazadores de una huidiza gacela, habían empezado a seguir por el bosque las huellas de María Griselda. Internándose por un estrecho sendero que su caballo abriera entre las zarzas, habían llegado hasta el propio borde de la pendiente que descendía al río. Y apartando las ramas espinosas de algunos árboles, se habían inclinado un segundo sobre la grieta abierta a sus pies.

Un ejército de árboles bajaba denso, ordenado, implacable, por la pendiente de helechos, hasta hundir sus primeras filas en la neblina encajonada allá abajo, entre los murallones de cañón. Y del fondo de aquella siniestra rendija subía un olor fuerte y mojado, un olor a bestia forestal: el olor del río Malleco rodando incansable su lomo tumultuoso.

Habían echado en seguida a andar cuesta abajo. Ramas pesadas de avellanas y de helados copihues les golpeaban la frente al pasar … y Rodolfo le contaba que, con la fusta que llevaba siempre en la mano, María Griselda se entretenía a menudo en atormentar el

[5]*And here she stood…*

tronco de cierto árboles, para descubrir los bichos agazapados bajo sus cortezas, grillos que huían cargando una gota de rocío, tímidas falenas de color tierra, dos ranitas acopladas.

Y bajaron la empinada cuesta hasta internarse en la neblina, que se estancaba en lo más hondo de la grieta, allí en donde ya no había pájaros, en donde la luz se espesaba, lívida, en donde el fragor de agua rugía como un trueno sostenido y permanente. ¡Un paso más y se habían hallado al fondo del cañón y en frente mismo del monstruo!

La vegetación se detenía al borde de una estrecha playa de guijarros opacos y duros como el carbón de piedra. Mal resignado en su lecho, el río corría a borbotones, estrellando enfurecido un agua agujereada de remolinos y de burbujas negras.[6]

¡El Malleco! Rodolfo le explicó que María Griselda no le tenía miedo, y le mostró, erguido allí, en medio de la corriente, el peñón sobre el que acostumbraba a tenderse largo a largo, soltando a las aguas sus largas trenzas y los pesados pliegues de su amazona. Y le contó cómo, al incorporarse, ella solía hurgar, hurgaba riendo su cabellera chorreante para extraer de entre ésta, cual una horquilla olvidada, algún pececito plateado, regalo vivo que le ofrendara el Malleco.[7]

Porque el Malleco estaba enamorado de María Griselda.

¡María Griselda!… la habían llamado hasta que la penumbra del crepúsculo empezara a rellenar el fondo del cañón y, desesperanzados, se decidieran a trepar de vuelta la cuesta por donde el silencio de la selva les salía nuevamente al encuentro, a medida que iban dejando atrás el fragor incansable del Malleco.

La primera luciérnaga flotó delante de ellos.

—¡La primera luciérnaga! A María Griselda se le posa siempre sobre el hombro, como para guiarla, le había explicado Rodolfo súbitamente enternecido.

Una zorra lanzaba a ratos su eructo macabro y estridente. Y de la quebrada opuesta le contestaba otra en seguida, con la precisión del eco.

---

[6]*the river gushed out, dashing furiously its waters full of whirlpools and black bubbles.*
[7]*she laughingly searched her dripping hair, as if looking for a forgotten hairpin, some silvery fish, a living gift of the great Malleco river.*

Los copihues empezaban a abrir sigilosos sus pesados pétalos de cera y las madreselvas se desplomaban, sudorosas, a lo largo del sendero. La naturaleza entera parecía suspirar y rendirse extenuada...

Y mientras ellos volvieron por un camino diferente del que vinieron, siguiendo siempre afanosos la huella de María Griselda, ella había logrado vencer al fin la timidez y el cansancio que la embargaban.

—Rodolfo, he venido a saber lo que pasa entre Anita y tú. ¿Es cierto que ya no la quieres?

Ella había interrogado con cautela, aprontándose a una negativa o a una evasiva. Pero él, ¡con qué impudor, con qué vehemencia habíase acusado de inmediato!

Sí, era cierto que ya no quería a Anita.

Y era cierto lo que decían: que estaba enamorado de María Griselda.

Pero él no se avergonzaba de ello, no. Griselda, ni nadie. Sólo Dios, por haber creado a un ser tan prodigiosamente bello, era el de la culpa.

'Y tan era así, que él no tenía culpa, que el propio Alberto, sabiendo de su amor, en lugar de condenarlo, lo compadecía. Y le permitía seguir trabajando en el fundo, porque comprendía, sabía que una vez que se había conocido a María Griselda, era necesario poder verla todos los días para lograr seguir viviendo.

'¡Verla, verla! ... Y, sin embargo, él evitaba siempre mirarla de repente, miedoso, temeroso de que el corazón pudiera detenérsele bruscamente. Como quien va entrando con prudencia en un agua glacial, así iba él enfrentando, de a poco, la mirada de sus ojos verdes, el espectáculo de su luminosa palidez.

'Y no, nunca se cansaría de verla, nunca su deseo por ella se agotaría, porque nunca la belleza de aquella mujer podría llegar a serle totalmente familiar. Porque María Griselda cambiaba imperceptiblemente, según la hora, la luz y el humor, y se renovaba como el follaje de los árboles, como la faz del cielo, como todo lo vivo y natural.

'Anita era linda, ella también y él la quería de verdad, pero ...'
Ella recuerda que el nombre de su hija, entremezclado de golpe a

semejante confesión, vino a herirla de una manera inesperada.

—No hablemos ahora de Anita, había interrumpido violentamente; luego: —Apuremos el paso, que se hace tarde.

Y Rodolfo había respetado su silencio, mientras guiándola en la oscuridad del bosque, la ayudaba a salvar las enormes raíces convulsas que se encrespaban casi a un metro del suelo.

Sólo cuando más adelante un revuelo de palomas vino a azotarles la frente.

—Son las palomas de María Griselda —no se había podido impedir de explicarle aún con devoción.

¡María Griselda! ¡María Griselda! Elle recuerda que en medio de la escalinata, su pie había tropezado con algo blando, con aquel sapo esperando él también eternamente a María Griselda …

Y recuerda cómo una oleada de ira la había doblado, para cogerlo brutalmente entre sus dedos crispados y arrojarlo lejos, lejos. Luego echó a correr hacía su cuarto con el puño cerrado y la horrorosa sensación de haber estrujado en la mano una entraña palpitante y fría.

¿Cuánto tiempo dormitó extenuada?

No sabe. Sólo sabe que …

Ruido. Cerrojos descorridos por una mano insegura. Y sobre todo, una voz ronca, desconocida y, sin embargo, muy parecida a la voz de Alberto, vinieron a desgarrar su entresueño.

Zoila no había mentido, no. Ni tampoco Fred la había alertado en vano. Porque aquello era su hijo Alberto, que llegaba ebrio y hablando solo. Ella recuerda cómo aguzando el oído había sostenido un instante en pensamiento unos pasos rotos a lo largo del corredor.

Luego … sí, debió haber dormitado nuevamente, hasta que el estampido de aquel balazo en el jardín, junto con un inmenso revuelo de alas asustadas, la impulsara a saltar de la cama y a correr fuera de cuarto.

La puerta del corredor, abierta de par en par, hacía una noche palpitante de relámpagos y tardías luciérnagas. Y en el jardín, un hombre persiguiendo, revólver. Y en el jardín, un hombre persiguiendo, revólver en mano, a las palomas de María Griselda.

Ella lo había visto derribar una, y otra, y precipitarse sobre sus cuerpos mullidos, no consiguiendo aprisionar entre sus palmas ávidas sino cuerpos a los cuales se apegaban unas pocas plumas mojadas de sangre.

—¡Alberto!, había llamado ella.

—¡Hay algo que huye siempre en todo!, había gemido entonces aquel hombre, cayendo entre sus brazos.

— … ¡Como en María Griselda!, gritó casi en seguida, desprendiéndose. … De qué le sirve decirme: ¡Soy tuya, soy tuya! ¡Si apenas se mueve, la siento lejana! ¡Apenas se viste, me parece que no la he poseído jamás!

Y Alberto había empezado a explicarle la angustia que lo corroía y destruía, así como a todos los habitantes de aquella sombría mansión.

Sí, era en vano que para tranquilizarse, él rememorara y contara por cuántos y cuán íntimos abrazos, Griselda estaba ligada a él. ¡En vano! Porque apenas se apartaba del suyo, el cuerpo de María Griselda parecía desprendido y ajenos desde siempre y para siempre, de la vida física de él. Y en vano, entonces, él se echaba nuevamente sobre ella, tratando de imprimirle su calor y su olor… De su abrazo desesperado, María Griselda volvía a resurgir, distante y como intocada.

—Alberto, Alberto, hijo mío … Ella trataba de hacerlo callar recordándole que era su madre.

Pero él seguía hablando y paseándose desordenadamente por el corredor … sin atender a sus quejas, no a la presencia de Fred, quien, habiendo también corrido en alarma a los tiros, lo consideraba con tristeza.

¿Celos? Tal vez pudiera ser que lo fuesen. ¡Extraños celos! Celos de ese 'algo' de María Griselda que se le escapaba siempre en cada abrazo. ¡Ah, esa angustia incomprensible que lo torturaba! ¿Cómo lograr, captar, conocer y agotar cada uno de los movimientos de esa mujer? ¡Si hubiera podido envolverla en una apretada red de paciencia y de memoria, tal vez hubiera logrado comprender y aprisionar la razón de la Belleza y de su propia angustia!

¡Pero no podía!

Porque no bien su furia amorosa comenzaba a enternecerse en la contemplación de las redondas rodillas ingenuamente aparejadas, la una detrás de la otra, cuando ya los brazos empezaban a desperezarse armoniosos, y aún no había él aprendido las mil ondulaciones que este ademán imprimió a la esbelta cintura, cuando … ¡No! ¡No!

De qué le servía poseerla, si …

No pudo seguir hablando. Silvia bajaba la escalera, despeinada, pálida y descalza, enredándose a cada escalón en su largo batón de gasa.

—Silvia, ¿qué te pasa?, había alcanzado a balbucir Fred cuando una voz horriblemente aguda había empezado a brotar de aquel frágil cuerpo.

—¡Todos, todos lo mismo!, gritaba la extraña voz. ¡Todos enamorados de María Griselda! …

Alberto, Rodolfo, y Fred también … ¡Sí, tú también, tú también, Fred! Hasta escribes versos para ella! … Alberto, ya lo sabes. Tu hermano tan querido escribe versos de amor para tu mujer. Los escribe a escondidas de mí. Cree que yo no sé dónde los guarda. Señora, yo se los puedo mostrar.

Ella no había contestado, miedosa de aquel ser desordenado y febril, que una palabra torpe podía precipitar en la locura.

—No, Silvia, no estoy enamorado de María Griselda, oyó de pronto decir a Fred con tranquila gravedad… Pero es cierto que algo cambió en mí cuando la vi… Fue como si en lo más recóndito de mi ser se hubiera de pronto encendido una especie de presencia inefable, porque por María Griselda me encontré al fin con mi verdadera vocación, por ella.

Y Fred les había empezado a contar su encuentro con María Griselda…

'Cuando recién casados, Silvia y él habían caído de sorpresa al fundo. María Griselda no se encontraba en la casa.

'Pero ansiosos de conocerla cuanto antes, ellos habían corrido en su busca, guiados por Alberto.

'Y así había sido cómo de pronto, en medio del bosque, él se había quedado atrás, callado, inmóvil, atisbando casi dentro de su corazón el eco de unos pasos muy leves.

'Desviándose luego del sendero, había entreabierto el follaje al azar, y … esbelta, melancólica y pueril, arrastrando la cola de su ropón de amazona … así la vio pasar.

'¡María Griselda!

'Llevaba enfáticamente una flor amarilla en la mano, como si fuera un cetro de oro, y su caballo la seguía a corta distancia, sin que ella precisara guiarlo. ¡Sus ojos estrechos, verdes como la fronda! ¡Su porte sereno, su mano pequeñita y pálida! ¡María Griselda! La vio pasar. Y a través de ella, de su pura belleza, tocó de pronto un más allá infinito y dulce … algas, aguas, tibias arenas visitadas por la luna, raíces que se pudren sordamente creciendo limo abajo, que su propio y acongojado corazón.

'Del fondo de su ser empezaron a brotar exclamaciones extasiadas, músicas nunca escuchadas: frases y notas hasta entonces dormidas dentro de su sangre y que ahora de pronto ascendían y recaían triunfalmente junto con su soplo, con la regularidad de su soplo.

'Y supo de una alegría a la par grave y liviana, sin nombre y sin origen, y de una tristeza resignada y rica de desordenadas sensaciones.

'Y comprendió lo que era el alma, y la admitió tímida, vacilante y ansiosa, y aceptó la vida tal cual era: efímera, misteriosa e inútil, con su mágica muerte que tal vez no conduce a nada.

'Y suspiró, supo al fin lo que era suspirar … porque debió llevarse las dos manos al pecho, dar unos pasos y echarse al suelo entre las altas raíces.

'Y mientras en la oscuridad creciente, largamente lo llamaban, lo buscaban, ¿recuerdan?, él, con la frente hundida en el césped, componía sus primeros versos'.

Así hablaba Fred, entre tanto Silvia retrocedía lentamente, muda y a cada segundo más pálida y más pálida.

Y, ¡oh, Dios mío! ¿Quién hubiera podido prever aquel gesto en aquella niña mimada, tan bonita y tan tonta?

Apoderándose rápidamente del revólver que Alberto tirara descuidadamente momentos antes sobre la mesa, se había abocado el caño contra la sien y sin cerrar tan siquiera los ojos, valientemente, como lo hacen los hombres, había apretado el gatillo.

—¡Mamá, venga, María Griselda se ha desmayado y no la

puedo hacer volver! Lo que de aquel horrible drama pudiese herir a su mujer, fue lo único que afectara a Alberto desde el primer momento; el resorte que lo hiciera automáticamente precipitarse, no hacia Silvia fulminada, sino hacia la puerta de su propio dormitorio, con el fin de impedir a María Griselda todo acceso a la desgracia que sin querer ésta había provocado.

—¡Venga, mamá, que no la puedo hacer volver! ¡Venga, por Dios!

Ella había acudido. Y una vez dentro del cuarto se había acercado con odio y sigilo hasta el borde del gran lecho conyugal, indiferente a las frases de estúpido apremio con que la hostigaba Alberto.

¡María Griselda! Estaba desmayada. Sin embargo, boca arriba y a flor de las almohadas, su cara emergía, serena.

¡Nunca, oh, nunca había ella visto cejas tan perfectamente arqueadas! Era como si una golondrina afilada y sombría hubiese abierto las alas sobre los ojos de su nuera y permaneciera detenida allí en medio de su frente blanca. ¡Las pestañas! Las pestañas oscuras, densas y brillantes. ¿En qué sangre generosa y pura debían hundir sus raíces para crecer con tanta violencia? ¡Y la nariz! La pequeña nariz orgullosa de aletas delicadamente abiertas. ¡Y el arco apretado de la boca encantadora! ¡Y el cuello grácil! ¡Y los hombros henchidos como frutos maduros! Y …

… Como debiera por fin atenderla en su desmayo, ella se había prendido de la colcha y echándola hacía atrás, destapado de golpe el cuerpo a medio desvestir. ¡Ah, los senos duros y pequeños, muy apegados al torso, con esa fina vena azulceleste serpenteando entremedio! ¡Y las caderas redondas y mansas! ¡Y las piernas interminables!

Alberto se había apoderado del candelabro, cuyos velones goteaban, y suspendiéndolo, insensato, sobre la frente de su mujer.

—¡Abre los ojos! ¡Abre los ojos! … le gritaba, le ordenaba, le suplicaba. Y como por encanto, María Griselda había obedecido, medio inconsciente. ¡Sus ojos! ¿De cuántos colores estaba hecho el color uniforme de sus ojos? ¿De cuántos verdes distintos su verde sombrio? No había nada más minucioso ni más complicado que una pupila, que la pupila de María Griselda.

Un círculo de oro, uno verde claro, otro de un verde turbio, otro muy negro, y de nuevo un círculo de oro, y otro verde claro, y … total: los igual al musgo que se adhiere a los troncos de los ojos de María Griselda. ¡Esos ojos de un verde árboles mojados por el invierno, esos ojos al fondo de los cuales titilaba y se multiplicaba la llama de los velones!

¡Toda esa agua refulgente contenida allí como por milagro! ¡Con la punta de un alfiler, pinchar esas pupilas! Habría sido algo así como rajar una estrella…

Estaba segura que una especie de mercurio dorado hubiera brotado al instante, escurridizo, para quemar los dedos del criminal que se hubiera atrevido.

—María Griselda, ésta es mi madre —había explicado Alberto a su mujer, ayudándola a incorporarse en las almohadas.

La verde mirada se había prendido de ella y palpitado, aclarándose por segundos… Y de golpe, ella había sentido un peso sobre el corazón. Era María Griselda que había echado la cabeza sobre su pecho.

Atónita, ella había permanecido inmóvil. Inmóvil y conmovida por una extraña, por una inmensa, desconcertante emoción.

—Perdón, había dicho de pronto una voz grave.

Porque, ¡perdón! había sido la primera palabra de María Griselda.

Y un grito se le había escapado instantáneamente a ella del fondo mismo de su honda ternura.

—Perdón, ¿de qué? ¿Tienes tú acaso la culpa de ser tan bella?

—¡Ah, señora, si usted supiera!

No se acuerda bien en qué términos había empezado entonces a quejarse, María Griselda, de su belleza como de una enfermedad, como de una tara.

'Siempre, siempre había sido así, decía. Desde muy niña hubo de sufrir por causa de esa belleza. Sus hermanas no la querían, y sus padres, como para compensar a sus hermanas toda la belleza que le habían entregado a ella, dedicaron siempre a éstas su cariño y su fervor. En cuanto a ella, nadie la mimó jamás. Y nadie podía ser feliz a su lado.

'Ahí estaba Alberto, amándola con ese triste amor sin afecto que parecía buscar y perseguir algo a través de ella, dejándola a ella misma desesperadamente sola. ¡Anita sufriendo por causa de ella! ¡Y Rodolfo también! ¡Y Fred, y Silvia! ... ¡Ah, la pobre Silvia!

'¡Un hijo! ¡Si pudiera tener un hijo! ¡Tal vez al verla materialmente ligada a él por un hijo, el espíritu de Alberto lograría descansar confiado! ... Pero, ¡no parecía ya como que estuviese elegida y predestinada a una solitaria belleza que la naturaleza — quién sabe por qué— la vedaba hasta de prolongar!

'Y en su crueldad, ni siquiera el nimio privilegio de un origen visible parecía haber querido otorgarle el destino... Porque sus padres no se parecían nada a ella, ni tampoco sus abuelos; y en los viejos retratos de familia, nunca se pudo encontrar el rasgo común, la expresión que la pudiera hacer reconocerse como el eslabón de una cadena humana.

'¡Ah, la soledad, todas las soledades!'

Así hablaba María Griselda, y ella recuerda cómo su rencor se había ido esfumando a medida que la escuchaba hablar.

Recuerda el fervor, la involuntaria gratitud hacia su nuera que la iba invadiendo por cada uno de los gestos con que ésta la acariciara, por cada una de las palabras que le dirigiera.

Era como una blandura, como una especie de cándida satisfacción, muy semejante a la que despierta en uno la confianza espontánea y sin razón que nos brinda un animal esquivo o un niño desconocido.

Sí, ¡cómo resistir a esta tranquila altivez, a la cariñosa mirada de esos ojos tan extrañamente engarzados!

Recuerda que ella comparaba en pensamiento la belleza de la presumida Silvia y la de su esplendorosa hija Anita, con la belleza de María Griselda. Ambas eran lindas, pero sus bellezas eran como un medio casi consciente de expresión que hubieran tal vez podido reemplazar por otro. En cambio, la belleza pura y velada de María Griselda, esa belleza que parecía ignorarse a sí misma, esa belleza no era sino un fluir natural, algo congénito y estrechamente ligado a su ser. Y no se concedía que María Griselda pudiera existir sino con esos ojos y ese porte; no se concebía que su voz pudiera tener otro timbre que aquel suyo, grave y como premunido de una sordina de terciopelo.

¡María Griselda! Todavía la ve vivir y moverse, sigilosa y modesta, llevando su belleza como una dulce lámpara escondida, que encendía de un secreto encanto su mirada, su andar, sus ademanes más mínimos; el ademán de hundir la mano en una caja de cristal para extraer el peine con que peinaba sus negros cabellos... Y todavía, sí, todavía le parece estar oyendo el tic tac del invisible reloj que allá en esa lejana casa del sur marcara incansablemente cada segundo de aquella tarde inolvidable.

Aquel tic tac hendiendo implacable el mar del tiempo, hacia adelante, siempre hacia adalante.[8] Y las aguas del pasado cerrándose immediatamente detrás. Los gestos recién hechos ya no son el océano que se deja atrás, inmutable, compacto y solitario.

Y tú, Anita. ¡Orgullosa! ¡Aquí estás y ahí lo tienes a ese hombre que no te quería y a quien tú forzaste y conquistaste! A ese hombre a quien se le escapará más tarde en alguna confidencia a otra mujer: 'Yo me casé por compromiso'. Lo odias, lo desprecias, lo adoras, y cada abrazo suyo te deja cada vez más desanimada y mucho más enamorada.

Temblar por el pasado, por el presente, por el futuro; por la sospecha, el rumor o el mero presentimiento que venga a amenazar la tranquilidad que deberás fabricarte día a día. Y disimulando, sonriendo, luchar por la conquista de un pedacito de alma día a día … ésa será tu vida.

¡Rodolfo! Hélo aquí a mi lado y a tu lado, ayudándote a salvaguardar los cirios y las flores, estrechándote la mano como tú lo deseas.

Un llevar a cabo una infinidad de actos ajenos a su deseo, empeñando en ellos un falso entusiasmo, mientras una sed que él sabe insaciable lo devore por dentro … ésa será su vida.

Ah, mi pobre Anita, tal vez sea ése la vida de nosotros todos. ¡Ese eludir o perder nuestra verdadera vida encubriéndola en una infinidad de pequeñeces con aspecto de cosas vitales!

[8]*The relentless tick-tock, cleaving the sea of time in a forward march.*

Armonía Somers (Uruguay 1914?–1994)

Too little is known in the English-speaking world about Armonía Somers who, until her death in March of 1994, was considered by many Spanish Americans the 'doyenne' of Uruguayan writers of our time. Born in 1914 (1920 is also a date given) as Armonía Henestrosa, and later de Etchepare, she led an exemplary conformist life as *una maestra normal*, a primary schoolteacher, to become a leading figure of her country's educational establishment. She was the author of many pedagogical works and sat on a variety of national committees, representing her country at international organisations such as the UN and UNESCO. These details, however, are not given to show the usual link between 'life and works' but to marvel at the dichotomy between them. For there was nothing in her very conventional and successful professional career, nor in her long marriage (until his death) to Roberto Henestrosa, a publisher, that would lead one to expect the radical and subversive nature of the fictional writings published under her pseudonym of Armonía Somers. Similarly, her numerous interviews are an equally tame and inadequate preface to her fiction.[1]

A brief recitation of comments on Somers' work will serve as an introduction to the basic qualities of her writing such as her fascination with the absurd and the macabre, her freedom to indulge in what is considered bad taste and the iconoclastic drive underlying all her writings. Her work has been described as: 'mundo alucinante y absurdo',[2] 'una piedra de mal gusto,[3] 'imagen de la vida áspera, amarga, cruel; humor negro, grotesco, macabro'.[4] Also, 'Armonía Somers unmasks the hypo-

---

[1]Evelyn Picón Garfield, *Women's Voices from Latin America: Interviews with Six Contemporary Authors*, Detroit: Wayne State UP), 1985, pp. 29–51; Alvaro Riso, 'Un retrato para Armonía', in *Armonía Somers: papeles críticos*, ed. Rómulo Cosse, Montevideo: Linardi y Risso, 1990, pp. 247–83, and an as yet unpublished interview with the Mexican writer Carmen Boullosa to whom I am grateful for generously making its transcript available to me. A more satisfying resumé of Somers' ideas on literature and morality can be found in Somers, 'Carta abierta desde Somersville', *Revista Iberoamericana*, 1992, 58: 1155–65.

[2]Arturo Sergio Visca, 'Un mundo narrativo fantasmagórico y real', in *Armonía Somers,* ed. Cosse, pp.11–15; p.13.

[3]Ruben Cotelo, ed. and intro., *Narradores uruguayos*, Caracas: Monte Avila, 1965, p. 148.

[4]Visca, 'Un mundo narrativo', p. 13.

critical ethics of her society and tackles prevailing taboos about sexuality.[5] I would not wish to construct an image of a writer setting out simply to *épater les bourgeois*, for Somers' work is difficult, fragmented (particularly in her novels) and alienating, but never gratuitously so. It is a deeply stirring, angst-ridden demythologisation of the spurious values and beliefs which sustain us in our everyday lives.

'El derrumbamiento' (p. 40) is the first story Somers ever wrote, although she did not publish it until 1953, three years after launching her fictional career with *La mujer desnuda*.[6] For the sheer daring and outrage of its plot, it may be to date the most iconoclastic story in Latin American literature.

A black man, fleeing in torrential rain from the police for having killed a white man, makes his way to the outskirts of the town, to a miserable shack known as a refuge for fugitives and outlaws. An oil lamp lights up the wax statue of its residing patron saint, the Virgin Mary. The negro is cold, wretched, almost certainly feverish. In the night, the Virgin Mary descends from her shrine and comes to the negro, kissing him and begging him to caress her, arguing that with his caresses he will free her body from the dehumanising effect of Christianity's devotional marble statuary and the waxed offerings in which it is imprisoned. The poor man recoils in horror at what is being asked of him, but the Virgin is peremptory and relentless and he has to comply. He begins by caressing her feet, melting the wax encasing them and, at the Virgin's insistence, he gradually works his tormented way up to her genitals, at which moment she quickens to life and becomes a woman once more, oblivious to the effect this has upon the negro and deaf to his pleas. Lithe and slender, she escapes through an open window leaving the poor frustrated negro to die with the other inmates, all of whom are presumably annihilated when the shack, now devoid of its Protectress, caves in on them.

There is a witty use of circularity in this story in that the ending sheds a new and different light upon the opening curse, 'Maldita Virgen'. It is teasingly suggested that these words, which set the shocking tone of the story, are uttered by the negro cursing his fate and blaming the Virgin for not coming to his rescue. But this explanation is immediately discarded by the narrator as impossibly blasphemous. Yet, the unuttered words can be read as ironically premonitory because the Virgin's promise that she will not allow the negro to be caught alive turns out to mean that when she escapes, leaving the house 'divinely' unprotected, he and all around him are annihilated. It is also ironic that the innkeeper's sceptical but oppor-

[5] Picón-Garfield, *Women's voices.*
[6] Armonía Somers, *La mujer desnuda,* Montevideo: Clima, 1950, a novel attacking just about everything in traditional society and women's role within it.

32

tunistic use of the Virgin as Protectress ('Qué voy a creer, negro inorante! La tengo por si cuela, ...') should have turned out to have been prophetic: without her, the house indeed collapsed.

Literally meaning 'the collapse' or 'tearing down', the title 'El derrumbamiento' refers not only to the physical collapse of the shack in which the nub of the story takes place, and the emotional collapse of the negro's hope for salvation but also to the collapse, or tearing down, of many of the most important tenets of our society. By this I mean the upturning of all the attributes of femininity associated with the most powerful representation of femininity in western society, namely, the Blessed Virgin. The English title, 'The Fall', may be a further reference to an all-encompassing fall from Grace.

The Structuralist critic, Tzevan Todorov, has defined 'fantastic' literature as that which exists in the space between what he terms 'the uncanny' and 'the marvellous'.[7] The former refers to fiction in which strange, seemingly supernatural events take place but for which there is some rational explanation which will ultimately re-establish the comforting order of rationality. The negro's fever might offer exactly such an explanation in that the unbelievably outrageous events that take place could have been simply a figment of his exalted imagination, a hallucinatory dream. The double-layeredness of the opening words, *maldita virgen*, could in this sense be taken as an indication of his suppressed unconscious feelings of dependency and lust towards the Virgin. Todorov does not discuss in this context the clash of cultures which lies at the basis of 'magic realism' and which is not developed in 'El derrumbamiento'. For him, 'the marvellous' refers to fiction which is totally set in a magic world of the imagination from which the workings of everyday reality are absent, such as fables or fairy tales or the exploits of knights errant. This is not the case of 'El derrumbamiento' which, although dealing with totally supernatural events, is set in an identifiable place and time. An observation concerning the difference in door-knocking between the destitute and the police is one example of keen social comment: 'son golpes con el estómago lleno, con el revólver en la mano'.

The house in which the events are said to take place is an ex-brothel on the outskirts of the town, a much recognisable feature of Latin-American small towns. The animated house, or shack, however, acquires a metaphoric dimension by suffering dizzy spells and shaking in the

[7] Tzevan Todorov, *The Fantastic. A Structural Approach to a Literary Genre* (translated by Richard Howard), Cleveland and London: Cape Western Reserve University Press, 1973. Todorov's ideas on *le fantastique* are clearly and succinctly discussed by Terence Hawkes in *Structuralism and Semiotics*, London: New Accents Series, 1977, pp. 101–4.

rain.[8] It is compared with Paradise, as a seat of refuge although it appears more like Hell when its inmates are described. More importantly, however, as to why 'El derrumbamiento' is not entirely a 'marvellous' story is that belief in the Virgin Mary is not something which, in our western culture, is normally equated with the gratuitous or escapist connotations of the 'marvellous', but as a transcendent truth. The story therefore, fits comfortably in that in-between space occupied by the fantastic, a space of hesitation which disturbs, precisely because it can neither be explained in the rational terms of the 'uncanny', nor dismissed as distantly 'marvellous'. The supernatural events taking place are presented as part of, and relevant to, our everyday reality. The language used in the story underpins this state of Todorovian hesitancy as it oscillates from the acutely realistic observation to instances of highly elliptical and poetic expression.

'El derrumbamiento' is focused upon the interplay between two contrasting figures: the humble negro who has become a fugitive outlaw and the shiningly graceful statue of the Virgin Mary. As stated by Somers, if the Virgin was to be besmirched, it had to be done by the lowliest of men: 'It had to be a man pursued by the law and, implicitly, persecuted due to his colour'.[9] The most striking aspect of this relationship is the solid conventionality of the presentation of the figure of the negro when set against the unexpected and innovative dramatisation of the Virgin. The negro's negritude (that is, the racist way in which he is constructed in the white master discourse) is emphasised throughout. He stands as subaltern 'other' in seamless unison with the cultural stereotype, his blackness used parasitically in the construction of the rebellious Virgin as an enabling, unproblematised point of contrast.

He is given all the stock physical characteristics: he is tall and strong, his body aches like that of his enslaved ancestors, his smell is pungent: 'su fuerte olor de negro', and his black colour insisted upon, as in 'su azabache desnudo' or 'los dedos de onyx del negro'. He speaks with honeyed voice ('su dulce voz de negro', 'palabras de negro') (p. 40) and is childlike in his expression of joy. Yet he is duplicitous, a barbarian and a criminal. He behaves with studied servility towards the scar-faced innkeeper, masking

<hr>

[8] The literary device of attributing human characteristics to an inanimate object is known as animism.

[9] Somers, 'Carta abierta desde Somersville', p. 1160 (my translation). Purification through abjection was a belief put forward by the Neoplatonist gnostic Carpocrates in second century Alexandria. Borges in *Las tres versiones de Judas* invokes this idea, in the suggestion that Jesus ultimately chose the sacrifice of becoming Judas, a traitor and thus the lowliest of men. A similar motivation induces Emma Zunz in the story of that name to discard the possibility of intercourse with a handsome sailor so as not to besmirch the purity of her revenge.

the inner violence which had led him to kill a white man. As if to emphasise his barbarism, the negro is said to be in an almost symbiotic relationship with nature.[10] He and the rain are as one: 'El paso del negro es lento, persistente. Es como la lluvia, ni se apresura, ni afloja. Por momentos parece que se conocen demasiado para contradecirse.' (p. 41) The one white trait allowed this colonised figure is his conscience, 'su conciencia blanca de negro', presumably because of a culturally transmitted Catholic inheritance. But his thoughts are dark, slow and uncomprehending: 'Ay, demasiado difícil para la pobre frente del negro'. His inflamed lust is, predictably, 'la sangre loca del negro' (p. 50).

One feature of the negro that transcends the racist stereotype is his name, Tristán. Its literal meaning points to the sadness of his fate (*triste*, *tristón*) but the allusion to the hero of Wagner's opera *Tristan and Isolde* is inescapable. It will be recalled that according to Arthurian legend Tristram (Tristan) and Yseult (Isolde) fall in love under the influence of a magic love potion which clearly released their suppressed feelings. Tristán's fever may be seen as having had a similar effect. The opera's climax is the 'Liebestod' or love-in-death music which celebrates the immolation of the forbidden love. It may be thought daring, though I hope not gratuitous, to see the negro's fleeting embrace with the unattainable Madonna as a mocking reference to this sublime scene: 'Y sucedió la nueva enormidad de aquel descenso. La virgen apoyó sus labios de cera en la mano dura y huesuda del negro, y la besó como ninguna mujer se la había jamás besado'. (p. 46) Yet unlike most classical outcomes in which ill-starred lovers die, the female figure here lives on, transfigured, while the male – all the males – die.[11]

Laughter, derision, mimicry are, according to feminist theoreticians such as Helène Cixous and Luce Irigaray, powerful weapons with which to combat an all-encompassing symbolic order from the seemingly impotent position of marginality.[12] It is a way of turning the male canon on its

[10] The term 'barbarism' must must be understood in the context of Sarmiento's highly influential formula 'civilización o barbarie', according to which the negro and mestizo represented all that stood in the way of the continent's development towards European-like civilisation.

[11] In total disregard of the strong elements of black humour of this story, Lila Dapaz Strout in *La rebelión de la flor: la metamorfosis de un ícono en 'El derrumbamiento'*, offers a diametrically opposed interpretation, seeing Tristán's death as prelude to his purification and subsequent union with the Virgin. See Lilia Dapaz Strout in Cosse, *Armonía Somers*, pp. 53–86.

[12] Helène Cixous, in *The Laugh of the Medusa*, talks of the need for a feminine text to be 'subversive', 'volcanic' and 'smash everything, to shatter the framework of institutions, to blow up the law, to break up the "truth" with *laughter*' (my emphasis). For an English version, see 'The Laugh of the Medusa' in Elaine Marks

head. I should like to argue that Armonía Somers is one of the early pioneers of this exercise in Spanish America in that in 'El derrumbamiento' there are many references to established traditions which are grotesquely subverted. By rebelling against the heirs of those who sacrificed her Son, the Virgin claims to be avenging his death, but the cruel, manipulative way in which she carries out her plan, brushing aside all notions of humility and self-abnegation, is an example of this violation of the expected.

'El derrumbamiento''s attack on Marian devotion has been noted by all its critics, but none has allowed their imagination to consider the full reach of the sexual implications underlying the Virgin's demands. The story demythologises the sanctity of virginity not only exposing it as a male commodity but with unprecedented iconoclasm, presenting the Virgin Mary with a positive attitude towards female sexuality. Marina Warner, in *Alone of all her Sex*, her excellent study of the cult of the Virgin, shows the fundamental and ever-increasing importance attached to Mary's virginity and immaculate conception throughout the history of Catholicism.[13] As a testimony to the power of the taboo surrounding Mary's sexuality even today, most of the debate concerning 'El derrumbamiento' has centred on the question of whether intercourse did or did not take place. It is interesting to note the author's own coyness, or disingenuousness, in discussing the subject. She says that in spite of his distant pagan origins the negro could never have given in to his lustful feelings so as to commit such an act of blasphemy and therefore, since carnal penetration did not take place, the story 'no hizo sino reafirmar la condición mariana'.[14] These sentiments are repeated when she quotes with approval the critical insight that the story was ultimately 'un cuento religioso porque la Virgen no perdió su calidad virginal'.[15] I hope to expose the sophistry of this argument through my reading of the story.

The sexuality in 'El derrumbamiento' has been read in a variety of ways, but mostly according to traditional definitions. I would like to offer, in the wake of the new French feminist theories such as those expounded by Irigaray, Cixous and others, that there is room for a feminist reading of this story based upon an examination of the conditions of the sexuality demanded by the Virgin.

and Isabelle de Courtivron, *New French Feminisms*, London: Harvester, 1981, pp. 245–64, p. 258. Luce Irigaray discusses mimetic strategies or the mimicry of male discourse in *Spéculum de l'autre femme*, Paris; Minuit, 1974. For a brief but informative and insightful critique of this topic, see Toril Moi's excellent introduction to Feminist literary theory, *Sexual/Textual Politics*, London: New Accents Series, 1985, pp. 139–43.

[13] Marina Warner, *Alone of all her Sex*, London: Picador, 1976.
[14] Somers, 'Carta abierta desde Somersville', p. 1160.
[15] Unpublished interview with Carmen Boullosa.

It is true that in Somers's story, Mary's virginity remains technically intact, but not as an unquestioned signal of purity, a gift of grace exempting her from participation in Original Sin, but as a burden which patriarchy has imposed upon her. Furthermore, the adoration that ensued from this questionable gift is denounced as the instrument of her imprisonment. It is discussed poetically largely via the double-edged language of flowers, used mainly by the negro in his fervent implorations to the Virgin.

There is a strong literary tradition that links love poetry with the world of plants and flowers, and which extends back to the biblical Song of Songs. Solomon's beautiful love poem about 'the rose of Sharon' has traditionally been interpreted in Judaism as the mystical union of God with his people, Israel; and in Christianity as God's loving relationship with the Church. But in some accounts, the union is seen as alluding to the unbounded love of Mary and her son, Jesus.[16] In its rich symbolism it is full of veiled allusions to erotic connotations, using nature both as counterpoint to, and an expression of, the rapture of the lovers. The association of the rose with the Virgin Mary is well established: she is addressed as 'Mystical Rose' in the Litany of the Blessed Virgin and the Rosary (literally a rose-garden) is of special significance in Catholic devotional prayer. It is interesting to note that, as stated by Marina Warner, this sacred usage dating from medieval times stems from somewhat more profane antecedents wherein the rose was the symbol of the lover's quest.[17]

Nearer our own days, the rose has acquired more specific sexual connotations, particularly in the work of Lorca, who following widespread popular usage, has sexed the rose throughout his poetry, using it to symbolise inflamed passion. The imprecation in *Yerma*: 'Señor, que florezca la rosa / no me la dejéis en sombra…' is most blatant in its plea for sexuality and procreation.[18] My contention is that Somers exploits the dual connotations of purity and sexuality in her use of floral language, and that in such a reading, some of the many appellations to the Virgin as 'rosa blanca del cerco', 'rosa sola', 'rosa clara del huerto', 'rosita blanca', 'rosita, virgen blanca', 'rosita sola', 'rosa dulce', acquire multiple and often conflicting dimensions. Other flowers are mentioned as the sexuality of the scene becomes more intense: the Virgin is referred to as lily (*lirito de ambar*); her feet become gardenias, her eyes forget-me-nots (*myosotis*); her legs 'varas de jacinto tierno'. But the most explicit reference is to 'el narciso de oro', a clear metaphor

[16]Warner, Ch. 8: The song of songs, in *Alone of all her Sex*, pp. 121–33; p. 128–9.
[17]*Ibid.*, p. 307.
[18]F. García Lorca, *Yerma*, Buenos Aires: Editorial Losada, 1969, pp. 88–90.

for the clitoris.[19]

In a scene of increasing eroticism, the Virgin seduces the negro forcing him to return her caresses and thereby melt away the wax confining her naked body:

> Y ahora viene lo más importante, Tristán. Tienes que quitarme esta ropa. Mira, empieza por los zapatos. Son los moldes de la tortura…. Oh, Tristán, qué alivio! Pero aún no lo has hecho todo. ¿Ves qué pies tan ridículos tengo? Son de cera, tócalos, son de cera…. Por dentro de los pies de cera, yo tengo pies de carne…. Sí, y toda yo soy de carne debajo de la cera. (p. 48)

In typical role reversal, it is the male who is overcome by prudishness at having to enact this bizarre striptease, while the Virgin, indifferent to his suffering, urges him in a peremptory voice to get on with it. The scene that follows is subversive in ways which have never so far been discussed or acknowledged. It is true, as mentioned earlier, that the Virgin remains technically intact ('Pero yo estoy entera. A mí no me despojarán.), and that she disclaims any interest in having sex with other men. But she does use the power of sexual arousal as a life-giving force. When she urges the negro to caress her body, what is at stake is the demythification of the dominant male-oriented account of sexuality, enshrined by Freud in scientific respectability. According to Freud penetrative sex is the only form of true sexual intercourse, and vaginal orgasm the only mature climax for a woman. The sexuality proposed here differs from the dominant, by focusing on different female needs. The negro's traditional demands, and expectations for full penetrative sex, are callously brushed aside as irrelevant once he has fulfilled the task demanded of him, in the orgasmic effect of his caresses.

> Tócalo, Tristán, toca también eso, principalmente eso. Cuando se funda la cera de ahí, ya no necesitarás seguir.

> … Has derretido a una virgen. Lo que quieres ahora no tiene importancia. Alcanza con que el hombre sepa derretir a una virgen. *Es la verdadera gloria de un hombre*. Después, la penetre o no, ya no importa. (My emphasis.) (p. 50)

The underlined words are a reference to a famous verse in Corinthians which has fixed traditional gender roles to our days.[20] The declaration that

[19] For an example of the eroticisation of flowers in painting, see the open blossoms of Georgia O'Keefe. (The painter herself finds such interpretations reductive.) It is interesting to note that while Dapaz Strout mentions the sexual association of the Narcissus, she fails to draw any conclusions from this usage, limiting her discussion to a Jungian-based psychoanalytical interpretation of Narcissus as a symbol of death and renewal.

[20] See 1 Corinthians, 11:7, 'For a man indeed ought not to cover his head, forasmuch

man's function is to please woman and not the other way round; that his pleasure should be in giving, ignoring his own body's biological needs, reverses what has been the dominant paradigm in western culture.

Luce Irigaray, in 'Ce sexe qui n'en est pas un' (Paris, Minuit, 1977), has brought attention to the fact that 'Female sexuality has always been theorised within masculine parameters'. An important point discussed by her is that 'Woman, in this sexual imaginary, is only a more or less complacent facilitator for the working out of man's fantasies', her own desires having been so 'faded by the years', that 'it probably has been covered over by the logic that has dominated the West since the Greeks'.[21] Somers, in 'El derrumbamiento' offers a first step to recovering that lost imaginary, by challenging some of the most fundamental myths that have shaped our consciousness of how the world is constituted.

One of the ironic consequences of reading 'El derrumbamiento' as a perpetuation of Marian devotion, is to see Mary continuing in her powerful symbolic role but now as a model of the new, liberated female, shedding the (sexual) restrictions of patriarchy and ready to embark upon a life of liberation and self-fulfilment.

as he is the image and *glory* of God: but the woman is the *glory* of the man.' (My emphasis.)

[21]Irigaray, *Ce sexe qui n'en est pas un*, Paris: Minuit, 1977. Extract in English in Marks and de Courtivrou, *New French Feminisms*, pp. 99–106, p. 101.

El derrumbamiento

'Sigue lloviendo. Maldita virgen, maldita sea. ¿Por qué sigue lloviendo?' Pensamiento demasiado obscuro para su dulce voz de negro, para su saliva tierna con sabor a palabras humildes de negro. Por eso es que él lo piensa solamente. No podría jamás soltarlo al aire. Aunque como pensamiento es cosa mala, cosa fea para su conciencia blanca de negro. El habla y piensa siempre de otro modo, como un enamorado:

'Ayudamé virgencita, rosa blanca del cerco. Ayudaló al pobre negro que mató a ese bruto blanco, que hizo esa nadita hoy.[1] Mi rosa sola, ayudaló, mi corazón de almendra dulce, dale suerte al negrito, rosa clara del huerto'.

Pero esa noche no. Está lloviendo con frío. Tiene los huesos calados hasta donde duele el frío en el hueso. Perdió una de sus alpargatas caminando en el fango, y por la que le ha quedado se le salen los dedos. Cada vez que una piedra es puntiaguda, los dedos aquellos tienen que ir a dar allí con fuerza, en esa piedra y no en otra que sea redonda. Y no es nada el golpe en el dedo. Lo peor es el latigazo bárbaro de ese dolor cuando va subiendo por la ramazón del cuerpo,[2] y después baja otra vez hasta el dedo para quedarse allí, endurecido, hecho piedra doliendo. Entonces el negro ya no comprende a la rosita blanca. ¿Cómo ella puede hacerle eso? Porque la dulce prenda debió avisarle que estaba allí el guijarro. También debió impedir que esa noche lloviera tanto y que hiciera tanto frío.

El negro lleva las manos en los bolsillos, el sombrero hundido hasta los hombros, el viejo traje abrochado hasta donde le han permitido los escasos botones. Aquello, realmente, ya no es un traje, sino un pingajo calado, brillante, resbaladizo como baba. El cuerpo todo se ha modelado bajo la tela y acusa líneas armónicas y perfectas de negro. Al llegar a la espalda, agobiada por el peso del

[1] *who did just that today today.*
[2] *the lashing pain rising up the branches of his body, ...*

agua, la escultura termina definiendo su estilo sin el cual, a simple color solamente, no podría nunca haber existido.

Y, además, sigue pensando, ella debió apresurar la noche. Tanto como la necesitó él todo el día. Ya no había agujero donde esconderse el miedo de un negro. Y recién ahora la ha enviado la rosita blanca.

El paso del negro es lento, persistente. Es como la lluvia, ni se apresura ni afloja. Por momentos, parece que se conocen demasiado para contradecirse. Están luchando el uno con la otra, pero no se hacen violencia. Además, ella es el fondo musical para la fatalidad andante de un negro.

Llegó, al fin. Tenía por aquel lugar todo el ardor de la última esperanza. A cincuenta metros del paraíso no hubiera encendido con tanto brillo las linternas potentes de sus grandes ojos.[3] Sí. La casa a medio caer estaba allí en la noche. Nunca había entrado en ella. La conocía sólo por referencias. Le habían hablado de aquel refugio más de una vez, pero sólo eso.

—¡Virgen blanca!

Esta vez la invocó con su voz plena a la rosita. Un relámpago enorme lo había descubierto cuán huesudo y largo era, y cuán negro, aun en medio de la negra noche. Luego sucedió lo del estampido del cielo, un doloroso golpe rudo y seco como un nuevo choque en el dedo. Se palpó los muslos por el forro agujereado de los bolsillos. No, no había desaparecido de la tierra. Sintió una alegría de negro, humilde y tierna, por seguir viviendo. Y, además, aquello le había servido para ver bien claro la casa. Hubiera jurado haberla visto moverse de cuajo al producirse el estruendo. Pero la casucha había vuelto a ponerse de pie como una mujer con mareo que se sobrepone. Todo a su alrededor era ruina. Habían barrido con aquellos antros de la calle, junto al río. De la prostitución que allí anidara en un tiempo, no quedaban más que escombros. Y aquel trozo mantenido en pie por capricho inexplicable. Ya lo ve, ya lo valora en toda su hermosísima ruina, en toda su perdida soledad, en todo su misterioso silencio cerrado por dentro. Y ahora no sólo que ya lo ve. Puede tocarlo si quiere. Entonces le sucede lo que a todos cuando les es posible estar en lo que han deseado: no se

[3]*his eyes would not have shone as bright, like powerful torches.*

41

atreve. Ha caminado y ha sufrido tanto por lograrla, que así como la ve existir le parece cosa irreal, o que no puede ser violada. Es un resto de casa solamente. A ambos costados hay pedazos de muros, montones de desolación, basura, lodo. Con cada relámpago, la casucha se hace presente. Tiene grietas verticales por donde se la mire, una puerta baja, una ventana al frente y otra al costado.

El negro, casi con terror sacrílego, ha golpeado ya la puerta. Le duelen los dedos, duros, mineralizados por el frío. Sigue lloviendo. Golpea por segunda vez y no abren. Quisiera guarecerse, pero la casa no tiene alero, absolutamente nada cordial hacia afuera. Era muy diferente caminar bajo el agua. Parecía distinto desafiar los torrentes del cielo desplazándose. La verdadera lluvia no es esa. Es la que soportan los árboles, las piedras, todas las cosas ancladas. Es entonces cuando puede decirse que llueve hacia dentro del ser, que el mundo ácueo pesa, destroza, disuelve la existencia.[4] Tercera vez golpeando con dedos fríos, minerales, dedos de ónix del negro, con aquellas tiernas rosas amarillas en las yemas. La cuarta, ya es el puño furioso el que arremete. Aquí el negro se equivoca. Cree que vienen a abrirle porque ha dado más fuerte.

La cuarta, el número establecido en el código de la casa, apareció el hombre con una lampareja ahumada en la mano.

—Patrón, patroncito, deje entrar al pobre negro.

—¡Adentro, vamos, adentro, carajo!

Cerró tras de sí la puerta, levantó todo lo que pudo la lámpara de tubo sucio de hollín. El negro era alto como si anduviera en zancos. Y él, maldita suerte, de los mínimos.[5] El negro podo verle la cara. Tenía un rostro blanco, arrugado verticalmente como un yeso rayado con la uña. De la comisura de los labios hasta la punta de la ceja izquierda, le iba una cicatriz bestial de inconfundible origen. La cicatriz seguía la curvatura de la boca, de finísimo labio, y, a causa de eso, aquello parecía en su conjunto una boca enorme puesta de través hasta la ceja. Unos ojillos penetrantes, sin pestañas, una nariz roma. El recién llegado salió de la contemplación y dijo con su voz de miel quemada:

[4]*when one can say that it rains within, the liquid world weighing down, destroying, dissolving existence.*
[5]*And he, damn it, was short.*

42

—¿Cuánto?, patroncito.

—Dos precios, a elegir. Vamos, rápido, negro pelmazo. Son diez por el catre y dos por el suelo —contestó el hombre con aspereza, guareciendo su lámpara con la mano.

Era el precio. Diez centavos lo uno y dos lo otro. El lecho de lujo, el catre solitario, estaba casi siempre sin huéspedes.

El negro miró el suelo. Completo. De aquel conjunto bárbaro subía un ronquido colectivo, variado y único al tiempo como la música de un pantano en la noche.

—Elijo el de dos, patroncito —dijo con humildad, doblándose.

Entonces el hombre de la cicatriz volvió a enarbolar su lámpara y empezó a hacer camino, viboreando entre los cuerpos. El negro lo seguía dando las mismas vueltas como un perro. Por el momento, no le interesaba al otro si el recién llegado tendría o no dinero: Ya lo sabría después que lo viese dormido, aunque casi siempre era inútil la tal rebusca. Sólo engañado podía caer alguno con blanca.[6] Aquella casa era la institución del vagabundo, el último asilo en la noche sin puerta. Apenas si recordaba haber tenido que alquilar su catre alguna vez a causa del precio. El famoso lecho se había convertido en sitio reservado para el dueño.

—Aquí tenés, echate —dijo al fin deteniéndose, con una voz aguda y fría como el tajo de la cara.— Desnudo o como te aguante el cuerpo. Suerte, te ha tocado entre las dos montañas. Pero si viene otro esta noche, habrá que darle lugar al lado tuyo. Esta zanja es cama para dos, o tres, o veinte.

El negro miró hacia abajo desde su metro noventa de altura. En el piso de escombros había quedado aquello, nadie sabría por qué, una especie de valle, tierno y cálido como la separación entre dos cuerpos tendidos.

Ya iba a desnudarse. Ya iba a ser uno más en aquel conjunto ondulante de espaldas, de vientres, de ronquidos, de olores, de ensueños brutales, de silbidos, de quejas. Fue en ese momento, y cuando el patrón apagaba la luz de un soplido junta al catre, que pudo descubrir la imagen misma de la rosa blanca, con su llamita de aceite encendida en la repisa del muro que él debería mirar de frente.

[6] *... anyone who's come here with money on him must have been tricked.*

—¡Patrón, patroncito!

—¿Acabarás de una vez?

—Digameló —preguntó el otro sin inmutarse par la orden ¿cree usté en la niña blanca?

La risa fría del hombre de la cicatriz salió cortando el aire desde el catre.

—¡Qué voy a creer, negro inorante! La tengo por si cuela, por si ella manda, nomás. Y en ese caso me cuida de que no caiga el establecimiento.

Quiso volver a reír con su risa que era como su cicatriz, como su cara. Pero no pudo terminar de hacerlo. Un trueno que parecía salido de abajo de la tierra conmovió la casa. ¡Qué trueno! Era distinto sentir eso desde allí, pensó el negro. Le había retumbado adentro del estómago, adentro de la vida. Luego redoblaron la lluvia, el viento. La ventana lateral era la más furiosamente castigada, la recorría una especie de epilepsia ingobernable.

Por encima de los ruidos comenzó a dominar, sin embargo, el fuerte olor del negro. Pareció engullirse todos los demás rumores, todos los demás olores, como si hubiera peleado a pleno diente de raza con ellos.[7]

Dormir. ¿Pero cómo? Si se dejaba la ropa, era agua. Si se la quitaba, era piel sobre el hueso, también llena de agua helada. Optó por la piel, que parecía calentar un poco el agua. Y se largó al valle, al fin, desnudo como había nacido. La claridad de la lamparita de la virgen empezó a hacerse entonces más tierna, más eficaz, como si se hubiera alimentado en el aceite de la sombre consubstanciado con la piel del negro. De la pared de la niña hasta la otra pared, marcando el ángulo, había tendida una especie de gasa sucia, movediza, obsesionante, que se hamacaba con el viento colado. Era una muestra de tejeduría antigua que había crecido en la casa. Cada vez que el viento redoblaba afuera, la danza del trapo aquel se hacía vertiginosa, llegaba hasta la locura de la danza. El negro se tapó los oídos y pensó: si yo fuera sordo no podría librarme del viento, lo vería, madrecita santa, en la telaraña esa, lo vería lo mismo, me moriría viéndolo.

[7] *... it seemed to drown all other noises, all other smells, as if overpowering them in battle.*

Comenzó a tiritar. Se tocó la frente: la tenía como fuego. Todo su cuerpo ardía por momentos. Luego se le caía en un estado de frigidez, de temblor, de sudores. Quiso arrebujarse en algo, ¿pero en qué? No había remedio. Tendría que soportar aquello completamente desnudo, indefenso, tendido en el valle. ¿Cuánto debería resistir ese estado terrible de temblor, de sudores, de desamparo, de frío? Eso no podía saberlo él. Y, menos, agregándole aquel dolor a la espalda que lo estaba apuñalando. Trató de cerrar los ojos, de dormir. Quizá lograra olvidarse de todo durmiendo. Tenía mucho que olvidar, además de su pobre cuerpo. Principalmente algo que había hecho en ese mismo día con sus manos, aquellas manos que eran también un dolor de su cuerpo.

Probó antes mirar hacia la niña. Allí permanecía ella, tierna, suave, blanca, velando a los dormidos. El negro tuvo un pensamiento negro. ¿Cómo podía ser que ella estuviese entre tanto ser perdido, entre esa masa sucia de hombre, de la que se levantaba un vaho fuerte, una hediondez de cuerpo y harapo, de aliento impuro, de crímenes, de vicios y de malos sueños? Miró con terror aquella mezcla fuerte de humanidad, piojo y pecado, tendida allí en el suelo roncando, mientras ella alumbraba suavemente.

¿Pero y él? Comenzó a pensarse a sí mismo, vio que estaba desnudo. Era, pues, el peor de los hombres. Los otros, al menos, no le mostraban a la virgencita lo que él, toda su carne, toda su descubierta vergüenza. Debería tapar aquello, pues, para no ofender los ojos de la inmaculada, cubrirse de algún modo. Quiso hacerlo. Pero le sucedió que no pudo lograr el acto. Frío, calor, temblor, dolor de espalda, voluntad muerta, sueño. No pudo, ya no podría, quizás, hacerlo nunca. Ya quedaría para siempre en ese valle, sin poder gritar que se moría, sin poder, siquiera, rezarle a la buena niña, pedirle perdón por su azabache desnado, por sus huesos a flor de piel, por su olor invencible, y, lo peor, por lo que habían hecho sus manos.

Fue entonces cuando sucedió aquello, lo que él jamás hubiera creído que podría ocurrirle. La rosa blanca comenzaba a bajar de su plinto, lentamente. Allí arriba, él la había visto pequeña como una muñeca; pequeña, dura y sin relieve. Pero a medida que descendía iba cobrando tamaño, plasticidad carnal, dulzura viva. El negro

45

hubiera muerto. El miedo y el asombro eran más grandes que él, lo trascendían. Probó tocarse, cerciorarse de su realidad para creer en algo. Pero tampoco pudo lograrlo. Fuera del dolor y del temblor, no tenía más verdad de sí mismo. Todo le era imposible, lejano, como un mundo suyo en otro tiempo y que se le hubiera perdido. Menos lo otro, la mujer bajando.

La rosa blanca no se detenía. Había en su andar en el aire una decisión fatal de agua que corre, de luz llegando a las cosas. Pero lo más terrible era la dirección de su desplazamiento. ¿Podía dudarse de que viniera hacia él, justamente hacia él, el más desnudo y sucio de los hombres? Y no sólo se venía, estaba ya casi al lado suyo. Eran de verse sus pequeños zapatos de loza dorada, el borde de su manto celeste.

El negro quiso incorporarse. Tampoco. Su terror, su temblor, su vergüenza, lo habían clavado de espaldas en el suelo. Entonces fue cuando oyó la voz, la miel más dulce para gustar en esta vida:

—Tristán …

Sí, él recordó llamarse así en un lejano tiempo que había quedado tras la puerta. Era, pues, cierto que la niña había bajado, era real su pie de loza, era verdad la orla de su manto. Tendría él que responder o morirse. Tendría que hablar, que darse por enterado de aquella flor llegando. Intentó tragar saliva. Una saliva espesa, amarga, insuficiente. Pero que le sirvió para algo.

—Usté, rosita blanca del cerco …

—Sí, Tristán. ¿Es que no puedes moverte?

—No, niña, yo no sé lo que me pasa. Todo se me queda arriba, en el pensar las cosas, y no se baja hasta el hacerlo.[8] Pero yo no puedo creer que sea usté, perla clara, yo no puedo creerlo.

—Y sin embargo es cierto, Tristán, soy yo, no lo dudes.

Fue entonces cuando sucedió lo increíble, que la virgen misma se arrodillara al lado del hombre. Siempre había ocurrido lo contrario. Esta vez la virgen se le humillaba al negro.

—Santa madre de Dios, no haga eso! No, rosita sola asomada al cerco, no lo haga!

---

[8] *Everything seems to be stuck up here, in my mind, and it won't come down to my body.*

—Sí, Tristán, y no sólo esto de doblarme, que me duele mucho físicamente. Voy a hacer otras cosas esta noche, cosas que nunca me he animado a realizar. Y tú tendrás que ayudarme.

—¿Ayudarla yo a usté?, lirito de agua. ¿Con estas manos que no quieren hacer nada, pero que hoy han hecho... ¡Oh, no puedo decírselo, mi niña, lo que han hecho! Lirito de ámbar, perdoneló al negro bueno que se ha hecho negro malo en un día negro ...

—Dame esa mano con que lo mataste, Tristán.

—Y cómo sabe usté que lo ha matado un negro?

—No seas hereje, Tristán, dame la mano.

—Es que no puedo levantarla.

—Entonces yo iré hacia la mano— dijo ella con una voz que estaba haciéndose cada vez menos neutra, más viva.

Y sucedió la nueva enormidad de aquel descenso. La virgen apoyó sus labios de cera en la mano dura y huesada del negro, y la besó como ninguna mujer se la había jamás besado.

—¡Santa madre de Dios, yo no resisto eso!

—Sí, Tristán, te he besado la mano con que lo mataste. Y ahora voy a explicarte por qué. Fui yo quien te dijo aquello que tú oías dentro tuyo: 'No aflojes, aprieta, termina ahora, no desmayes'.

—Usté, madrecita del niño tierno!

—Sí, Tristán, y has dicho la palabra. Ellos me mataron al hijo. Me lo matarían de nuevo si él volviera. Y yo no aguanto más esa farsa. Ya no quiero más perlas, más rezos, más lloros, más perfumes, más cantos. Uno tenía que ser el que pagase primero, y tú me ayudaste. He esperado dulcemente y he comprendido que debo empezar. Mi niño, mi pobre y dulce niño sacrificado en vano. ¡Cómo lo lloré, cómo le empapé con mis lágrimas el cuerpo lacerado! Tristán, tú no sabes lo más trágico.

—¡Qué, madrecita?

—Que luego no pude llorar jamás por haberlo perdido. Desde que me hicieron de mármol, de cera, de madera tallada, de oro, de marfil, de mentira, ya no tengo aquel llanto. Lloran ellos, sí, o simulan hacerlo, por temor a asumir un mundo sin él.

—Y usté por qué no?

—Lo que ya no se puede no se puede. Y debo vivir así, mintiendo con esta sonrisa estúpida que me han puesto en la cara.

Tristán, yo no era lo que ellos han pintado. Yo era distinta, y ciertamente menos hermosa. Y es por lo que voy a decirte que he bajado.

—Digaló, niña, digaseló todo al negro.

—Tristán, tú vas a asustarte por lo que pienso hacer.

—Ya me muero de susto, lirito claro, y sin embargo no soy negro muerto, porque estoy vivo.

—Pues bien, Tristán —continuó la virgen con aquella voz cada vez más segura de sí, como si se estuviera ya humanizando— voy a acostarme al lado tuyo. ¿No dijo el patrón que había sitio para dos en el valle?

—¡No, no, madrecita, que se me muere la lengua y no puedo seguir pidiéndole que no lo haga.

—Tristán, ¿sabes lo que haces? Estás rezando desde que nos vimos. Nadie me había rezado este poema …

—Yo le inventaré un son mucho más dulce, yo le robaré a las cañas que cantan todo lo que ellas dicen y lloran, pero no se acueste al lado del negro malo, no se acueste!

—Sí, Tristán, y ya lo hago. Mírame cómo lo hago.

Entonces el negro vio cómo la muñeca aquella se le tendía, con todo su ruido de sedas y collares, con su olor a tiempo y a virginidad mezclado en los cabellos.

—Y ahora viene lo más importante, Tristán. Tienes que quitarme esta ropa. Mira, empieza por los zapatos. Son los moldes de la tortura. Me los hacen de materiales rígidos, me asesinan los pies. Y no piensan que estoy parada tantos siglos. Tristán, quítamelos, por favor, que ya no los soporto.

—Sí, yo le libero los pies doloridos con estas manos pecadoras. Eso sí me complace, niña clara.

—Oh, Tristán, qué alivio! Pero aún no lo has hecho todo.

¿Ves qué pies tan ridicules tango? Son de cera, tócalos, son de cera.

—Sí, niña de los pies de cera, son de cera.

—Pero ahora vas a saber algo muy importante, Tristán. Por dentro de los pies de cera yo tengo pies de carne.

—Ay, madre santa, me muero!

Sí, y toda yo soy de carne debajo de la cera.

—No, no, madrecita! Vuélvase al plinto. Este negro no quiere que la santa madre de carne esté acostada con él en el valle. Vuélvase, rosa dulce, vuélvase al sitio de la rosa clara!

—No, Tristán, ya no me vuelvo. Cuando una virgen bajó del pedestal ya no se vuelve. Quiero que me derritas la cera. Yo no puedo ser más la virgen, sino la verdadera madre del niño que mataron. Y entonces necesito poder andar, odiar, llorar sobre la tierra. Y para eso es preciso que sea de carne, no de cera muerta y fría.

—¿Y cómo he de hacer yo, lirito dulce, para fundir la cera?

—Tócame, Tristán, acaríciame. Hace un momento tus manos no te respondían. Desde que las besé, estás actuando con ellas. Ya comprendes lo que vale la caricia. Empieza ya. Tócame los pies de cera y verás cómo se les funde el molde.

—Sí, mi dulce perla sola, eso sí, Los pies deben ser libres. El negro sabe que los pies deben ser libres y de carne de verdá, aunque duelan las piedras. Y ya los acaricio, no más. Y ya siento que sucede eso, virgen santa, ya siento eso … Mire, madrecita, mire cómo se me queda la cera en los dedos …

—Y ahora tócame los pies de verdad, Tristán.

—Y eran dos gardenias vivas, eran pies de gardenia.

—Pero eso no basta. Sigue, libérame las piernas.

—¿Las piernas de la niña rosa? Ay, ya no puedo más, ya no puedo seguir fundiendo. Esto me da miedo, esto le da mucho miedo al negro.

—Sigue, Tristán, sigue.

—Ya toco la rodilla, niña presa. Y no más. Aquí termina este crimen salvaje del negro. Juro que aquí termina. Córteme las manos, madre del niño rubio, córtemelas. Y haga que el negro no recuerde nunca que las tuvo esas manos, que se olvide que tocó la vara de la santa flor, córtemelas con cuchillo afilado en sangre.

Un trueno brutal conmueve la noche. Las ventanas siguen golpeando, debatiéndose. Por momentos vuelve la casa a tambalear como un barco.

—¿Has oído, estás viendo cómo son las cosas esta noche? Si no continúas fundiendo, todo se acabará hoy para mí. Sigue, apura, termina con el muslo también. Necesito toda la pierna.

—Sí, muslos suaves del terror del negro perdido, aquí están ya, tibios y blandos como lagartos bajo un sol de invierno. Pero ya no más, virgencita. Miremé cómo me lloro. Estas lágrimas son la sangre doliéndole al negro.

—¿Has oído, Tristán, y has visto? La casa tambalea de nuevo. Déjate de miedo por un muslo. Sigue, sigue fundiendo.

—Pero es que estamos ya cerquita del narciso de oro, niña. Es el huerto cerrado. Yo no quiero, no puedo …

—Tócalo, Tristán, toca también eso, principalmente eso. Cuando se funda la cera de ahí, ya no necesitarás seguir. Sola se me fundirá la de los pechos, la de la espalda, la del vientre. Hazlo, Tristán, yo necesito también eso.

—No, niña, es el narciso de oro. Yo no puedo.

—Igual lo seguirá siendo. ¿O crees que puede dejar de ser porque lo toques?

—Pero no es por tocarlo solamente. Es que puede uno quererlo con la sangre, con la sangre loca del negro. Tenga lástima, niña. El negro no quiere perderse y se lo pide llorando que lo deje.

—Hazlo. Mírame los ojos y hazlo.

Fue entonces cuando el negro levantó sus ojos a la altura de los de la virgen, y se encontró allí con aquellas dos miosotis vivas que echaban chispas de fuego celeste como incendios de la quimera. Y ya no pudo dejar de obedecer. Ella lo hubiera abrasado en sus hogueras de voluntad y de tormenta.

¡Ay, ya lo sabía! ¿Por qué lo he hecho? ¿Por qué he tocado eso? Ahora yo quiero entrar, ahora yo necesito hundirme en la humedá del huerto. Y ahora ya no aguantará más el pobre negro. Mire, niña cerrada, cómo le tiembla la vida al negro, y cómo crece la sangre loca para ahogar al negro. Yo sabía que no debía tocar, pues. Déjeme entrar en el anillo estrecho, niña presa, y después mátelo sobre su misma desgracia al negro.

—Tristán, no lo harás, no lo harías. Ya has hecho alga más grande. ¿Sabes lo que has hecho?

—Sí, palma dulce para el sueño del negro. Sí que lo sé la barbaridá que he hecho.

—No, tú no lo sabes completamente. Has derretido a una virgen. Lo que quieres ahora no tiene importancia. Alcanza con que el hombre sepa derretir a una virgen. Es la verdadera gloria de un hombre. Después, la penetre o no, ya no importa.

—Ay, demasiado difícil para la pobre frente del negro. Sólo para la frente clara de alguien que bajó del cielo.

—Además, Tristán, otra cosa que no sabes: tú te estás muriendo.

—¿Muriendo? ¿Y eso qué quiere decir?

—¡Oh, Tristán! ¿Entonces te has olvidado de la muerte? Por eso yo te lo daría ahora mismo el narciso que deseas. Sólo cuando un hombre se olvida al lado de una mujer de que existe la muerte, es que merece entrar en el huerto. Pero no, no te lo daré. Olvídate.

—Digamé, lunita casta del cielo, ¿y usté se lo dará a otro cuando ande par el mundo con los pies de carne bajo las varas de jacinto tierno?

—¿Qué dices, te has vuelto loco? ¿Crees que la madre del que asesinaron iría a regalarlos por añadidura? No, es la única realidad que tengo. Me han quitado el hijo. Pero yo estoy entera. A mí no me despojarán. Ya sabrán lo que es sufrir ese deseo. Dime, Tristán, ¿tú sufres más par ser negro o par ser hombre?

—Ay, estrellita en la isla, dejemé pensarlo con la frente oscura del negro.

El hombre hundió la cabeza en los pechos ya carnales de la mujer para aclarar su pensamiento. Aspiró el aroma de flor en celo que allí había, revolvió la maternidad del sitio blando.

—¡Oh, se me había olvidado, madre!— gritó de pronto como enloquecido. —Ya lo pensé en su leche sin niño. ¡Me van a linchar! He tocado a la criatura de ellos. ¡Dejemé, mujercita dulce, dejemé que me vaya! No, no es por ser hombre que yo sufro. Dejemé que me escurra. ¡Suelte, madre suelte!

—No grites así, Tristán, que van a despertar los del suelo— dijo la mujer con una suavidad mecida, como de cuna— tranquilízate. Ya no podrá sucederte nada. ¿Oyes? Sigue el viento. La casa no se ha caído porque yo estaba. Pero podría suceder algo peor, aunque estando yo, no lo dudes.

—¿Y qué sería eso?

—Te lo diré. Han buscado todo el día. Les queda sólo este lugar lo dejaron para el final, como siempre. Y vendrán dentro de unos segundos, vendrán porque tú mataste a aquel bruto. Y no les importará que estés agonizando desnudo en esta charca. Pisotearán a los otros, se te echarán encima. Te arrastrarán de una pierna o de un brazo hacia afuera.

—¡Ay, madre, no los deje!

—No, no los dejaré. ¿Cómo habría de permitirlo? Tú eres el hombre que me ayudó a salir de la cera. A ese hombre no se le olvida.

—¿Y cómo hará para impedir que me agarren?

—Mira, yo no necesito nada más que salir por esa ventana. Ahora tengo pies que andan, tú me los has dado— dijo ella secretamente.

—Entonces golpearán. Tú sabes cuántas veces se golpea aquí. A la cuarta se levanta el hombre del catre ¿no es cierto? Ellos entran por ti. Yo no estoy ya. Si tú no estuvieras moribundo yo te llevaría ahora conmigo, saltaríamos juntos la ventana. Pero en eso el Padre puede más que yo. Tú no te salvas de tu muerte. Lo único que puedo hacer por ti es que no te cojan vivo.

—¿Y entonces?, madre— dijo el negro arrodillándose a pesar de su debilitamiento.

—Tú sabes! Tristán, lo que sucederá sin mí en esta casa.

—Sshh… oiga. Ya golpean. Es la primera vez…

—Tristán, a la segunda vez nos abrazamos— murmuró la mujer cayendo también de rodillas.

El hombre del catre se ha puesto en pie al oír los golpes. Enciende la lámpara.

—Ya, Tristán.

El negro abraza a la virgen. Le aspira los cabellos de verdad, con olor a mujer, le aprieta con su cara la mejilla humanizada.

El tercer golpe en la puerta. El dueño de la cicatriz ya anda caminando entre los dormidos del suelo. Aquellos golpes no son los de siempre. El ya conoce eso. Son golpos con el estómago lleno, con el revólver en la mano.

En ese momento la mujer entreabre la ventana lateral de la casa. Ella es fina y clara como la media luna, apenas si necesita una pequeña abertura para su fuga. Un viento triste y lacio se la lleva en la noche.

—¡Madre, madre, no me dejes! Ha sido el cuarto golpe. Y ahora me acuerdo de lo que es la muerte! ¡Cualquier muerte, madre, menos la de ellos!

—Callate, negro bruto— dijo sordamente el otro —Apostaría a que es por vos que vienen. Hijo de perra, ya me parecía que no traías cosa buena contigo.

Entonces fue cuando sucedió. Entraron como piedras con ojos. Iban derecho al negro con las linternas, pisando, pateando a los demás como si fueran fruta podrida. Un viento infernal se coló también con ellos. La casucha empezó a tambalear como lo había hecho muchas veces aquella noche. Pero ya no estaba la virgen en casa. Un ruido de esqueleto que se desarma. Luego, de un mundo que se desintegra. Ese ruido previo de los derrumbes.

Y ocurrió, de pronto, encima de todos, de los que estaban casi muertos y de los que venían a sacarlos fuera. Es claro que había cesado la lluvia. El viento era entonces más libre, más áspero y desnudo lamiendo el polvo con su lengua, el polvo del aniquilamiento.

Rosario Castellanos (Mexico, 1925–74)

Castellanos was already an important Mexican author – poet, essayist, novelist and short story writer – when she became a figure of national adulation after her untimely death (electrocuted by a faulty lamp) while serving as ambassador for her country in Israel.

Her work deals largely with oppression of all kinds and in her two novels, *Balún Canán* (1957) and *Oficio de tinieblas* (1962), she focuses upon an uprising of the Indians in Chiapas, an isolated and poor province in southern Mexico, still the seat of considerable unrest. Castellanos had firsthand experience of the subject matter of her novels having lived in Chiapas until 1939, the year her family lost its land and fortune and moved to Mexico City. Castellanos's novels show the complexities of oppression, and the divisions among the oppressed, in terms of race, class and gender; they also attest to the linguistic separation between oppressors and oppressed, and to the difficulties met in conveying the sentiments of the latter, the Indians, in the language of the conquerors. For this reason, they offer an undoubted contribution to the Spanish-American novel. However, I think that ultimately Castellanos's lasting claim to fame will be for her work as a feminist, and as a writer of specifically female preoccupations. It is here that her truest voice is felt.

Castellanos was an early admirer of Virginia Woolf and Simone de Beauvoir. Her feminism can be traced back to 1950, when she wrote her thesis, *Sobre cultura femenina*, on the disadvantages experienced by women in gaining access to education. She spoke out against the imposition of patriarchy upon women, bemoaning particularly the fact that not only did men see women as inferior but women themselves had interiorised such beliefs. Her campaign was for better conditions for women and twenty years later, speaking publicly at the Museo Nacional de Antropología e Historia in Mexico City, she was still campaigning, denouncing the Mexican Establishment for its continuing unequal treatment of women in terms of education and equal pay, and for denying women ownership of their own bodies. It was the first time in Mexico that a woman in an official capacity had broached publicly the subject of women's rights.

Castellanos's feminism remained a constant theme in her literary output. She is perhaps best remembered for the haunting fervour of her plea in her much anthologised poem 'Meditación en el umbral', in which

55

she recalls ill-fated figures such as Anna Karenina, Sor Juana de la Cruz and Jane Austen; also Sappho, Messalina and, indeed, Mary Magdalene. Her final lines, calling for 'Otro modo de ser humano y libre. / Otro modo de ser' (*another way to be*), speak out to all who are caught in a system of the power relation between the oppressed and their oppressors. Castellanos uses the condition of women's lives as a means of writing about social oppression in general, and this is her finest protest.

Throughout her work Castellanos shows women inhabiting a closed world, in subjugation to father, brother, priest or husband. The title of one of her collections of essays, *Mujer que sabe latín* (1973), is an ironic reference to a Spanish proverb, 'mujer que sabe latín, ni tiene marido ni tiene buen fin', pointing not only to the dangers of education for women, but assuming marriage to be the only, undisputed purpose in a woman's life. Marriage is always presented negatively by Castellanos. However, perhaps nowhere is the denunciation as explicit and as deeply felt as in 'Lección de cocina' p. 62. This is the opening story in *Album de familia* (1971), her last collection of short stories, where she all but discards the wider issues which occupied the earlier novels of protest to concentrate on the particular problems faced by women within the more confined space of the Mexican middle-class home.

'Lección de cocina' is the story of a newly-wed woman's realisation of the deep, radical metamorphosis that she is expected to undergo from the moment of marriage. The 'cooking lesson' she is being taught concerns her enforced change from the freedom to indulge her own pleasures and pursue a variety of social and cultural interests to the ruthless entrapment of marriage. What baffles her is that she is expected to comply not just with her husband's whims, but with the total social backing supporting his expectations. There seems to be an implicit agreement as to her role, her interests, her horizon in everything that surrounds her, or, to use Lacanian terminology, the Symbolic Order defining her. Her tragedy is that there is no alternative vision, or, in Castellanos's own words, 'no other way to be'. However much she riles against the existing system there is no recourse to a different one. Although she despises women who use feminine guiles to gain power, and equally despises men who abuse their masculine power, contradictorily, she cannot free herself from the prejudices supporting the existing power structure. She lives in an impasse conditioned by the demands of machismo: 'si cede yo le corresponderé con el desprecio y si no cede yo no seré capaz de perdonarlo' (p. 72). Recalling the final words of 'La historia de María Griselda', it is the realisation that henceforth her world will be bound by triviality that constitutes the nub of her unhappiness.

Although in a sense 'Lección de cocina' is the story of outward defeat, it is also the story of inner resistance through the mental breaking of boundaries, exposing the artificiality of so many of the categories through which patriarchy has sought to curb and enclose women's lives. The tools used by Castellanos to dismantle the certainties of patriarchy are metaphor, the fluidity of free association, the mixing of linguistic and cultural registers and, most effectively, an ironic mimicry of many of our habits of thought and speech.

The title, 'Lección de cocina', can be exploited for its many layers of meaning. Uppermost is the literal, the self-taught cooking lesson launching the protagonist upon her new role as housewife. The choice of cooking as topic, and the kitchen as setting, eradicates traditional barriers between popular and high culture. The treatment of serious topics in an approachable way, and making literature, to use Poniatowska's colourful phrase, more familiar, more domestic, more *wash and wear*, is one of Catellanos's notable achievements.[1] Her contribution to feminist writing by bringing literature to the domestic space is undisputed. Yet it needs to be pointed out that the kitchen, where this story evolves, is not the warm hearth or place of refuge traditional to literature, nor is it the happy showpiece of glossy magazines but is stark, aseptic and uninviting. As if in open rebellion against its specific, practical purpose, the protagonist makes repeated attempts to transcend her confinement by associating the kitchen with other places. Her first immediate association, with a hospital operating theatre, slips easily into a secondary image, that of her wedding bed, all three superimposed settings linked by an image of whiteness becoming stained by the red of blood. The blood conjoins the image of the raw meat, an open wound and her broken hymen. This extended metaphor, acting as a central controlling image, turns on the use of the term 'mancillar[la]' (besmirch) instead of 'manchar[la]' (stain).

'Cocina' means not only kitchen but also cooking, as in the French usage of cu*isine*, and should be understood in terms of Lévi-Strauss's opposition between the raw and the cooked, drawing on the idea that cooking is a universal means by which nature is transformed into culture.[2] The rite of passage of the protagonist, and the changes undergone by a piece of meat she is roasting for her first cooked dinner, stand in contrapuntal interplay

[1]E. Poniatowska, *Ay vida, no me mereces*, Mexico City: Joaquín Mortiz, 1985, p. 57. A number of Mexican writers have followed this trend, using cooking as the topos through which to discuss a variety of wider issues. See the best seller by Laura Esquivel, *Como agua para chocolate*, Mexico: Editorial Planeta, 1988.

[2]E. Leach, *Lévi-Strauss*, London: Fontana Modern Masters, 1970, p. 34. The distinction for Lévi-Strauss is that 'men' (a term still used by him to encompass men and women) we are all part of nature but as human beings we are part of culture. 'Food is an especially appropriate "mediator" because, when we eat, we establish, in a literal sense, a direct identity between ourselves (Culture) and our food (Nature)', p. 34.

throughout the narrative. The meat's '[r]ojo, como si estuviera a punto de echarse a sangrar' (p. 63) is followed by memories of her honeymoon and defloration, 'Del mismo color teníamos la espalda, mi marido y yo' (p. 00).

The meat, bleeding as it thaws, sizzling and ultimately burning, can be understood to represent the different stages of acculturation awaiting the bride in marriage. As the piece of beef is being rubbed with pepper and spices, so it loses its own natural flavour to be impregnated with tastes chosen by the chef, a reflection of the way the bride will be impregnated with her husband's semen and with it, his tastes, thus becoming palatable to him and to society. The sexual act which initiates the rite of passage owes nothing to love but is felt as a taming exercise designed to secure female passivity. The hierarchy between the couple is firmly established when she recalls their beach honeymoon, the skin on her back and shoulders smarting as it chafed against the sheets and the sand while he lay unencumbered on top, in his oppressive, masterful position. Her memory, 'Y gemía, de desgarramiento, de placer' (p. 64), may be thought to indicate some masochistic connivance in what was taking place yet these words must be seen in the context of those that follow, 'El gemido clásico. *Mitos, mitos* (my emphasis)' (p. 64). These I interpret as an indication that the foregoing description of the sexual intercourse was based on its cultural mythification rather than on what was actually felt at the time. The dead hand of marriage is felt repeatedly during intercourse: 'Cuando dejas caer tu cuerpo sobre el mío siento que me cubre una lápida, llena de inscripciones' (p. 63).

This image of women's enforced subjugation, representing the female as a 'tabula rasa', a 'virgin territory' devoid of an own language and upon which Man inscribes the dominant patriarchal discourse, is a vivid illustration of a particular power which the Derridean neologism, 'phallogocentrism', encapsulates, exposing the link between sexuality (phallus), language (logos) and hierarchical binarism (centrism).[3]

The act of writing as a male activity, and the notion of the penis as a writing tool, has been most memorably expressed by Gilbert and Gubar with their famous question: 'Is the pen a metaphoric penis?'.[4] Gilbert and Gubar were concerned with patriarchal domination in the field of literary creation in Victorian times, when the figure of the all-powerful, god-like author was predominantly male. The metaphor is specially relevant to this image of woman in a passive position, like a blank page upon which

[3]Phallogocentrism is discussed by J. Culler in *On Deconstruction*, London: Routledge & Kegan Paul, 1983, pp. 165–7, 172.

[4]S. M. Gilbert and S. Gubar, *The Madwoman in the Attic: The Woman Writer and the Nineteenth-century Literary Imagination*, New Haven: Yale University Press, 1979.

meaning will be inscribed. It is interesting to note, however, that this same image has not always been used to refer exclusively to women. In a short story entitled 'In the Penal Settlement', by Kafka, the tied-up body of a male prisoner is pierced by the points of a harrow inscribing the Law upon it.[5] It would appear from this that passivity is not a biologically determined female attribute but the consequence of powerlessness.

This is the conclusion borne out in 'Lección de cocina' when the protagonist likens her fate to that of the martyred Indian, Aztec Emperor Cuauhtémoc, a comparison which not only shows passivity and victimisation not to be gender based, but which also draws attention to the relationship between racial and gender abuse.[5]

One of feminism's most important concerns is with language and the way it is always, already inscribed in ideology. By this, I refer to the theory that considers language as a closed, value-laden system expressing the values of the dominant sectors of society as if they were natural and absolute. The *écriture féminine* debate centres on the question of how women can give true expression to their own voice in a language that does not represent them other than according to male constructions of womanhood.[7] Castellanos focuses on a particularly interesting aspect of this debate in 'Lección de cocina', by pointing out the extent to which women themselves are complicitous in accepting this view of themselves.

A particular source of the protagonist's anger is the cosy, specialised language of the cookery books assuming a shared corpus of knowledge about cooking and its social objectives: 'me suponen una intuición que, según mi sexo, debo poseer pero que no poseo' (p. 66). Her refusal to remain confined in the straightjacket of their language is wittily expressed by the following passage addressed to the presumed author of the cookery book:

> Pero ¿a quién supone usted que se está dirigiendo? Si yo supiera lo que es estragón y ananá no estaría consultando este libro porque sabría muchas otras cosas. Si tuviera usted el mínimo sentido de la realidad debería usted misma o cualquiera de sus colegas, … redactar unos prolegómenos, idear una propedéutica para hacer accecible al profano el difícil arte culinario. Pero parten del supuesto de que todas estamos en el ajo y se limitan a enunciar. (p. 63)

[5]A harrow is a spiked frame used for pulverising land and covering seeds. The term harrowing derives from this meaning. (Kafka may be drawing upon traditional symbolic links between the earth and femaleness, which in this case, as in so many others, would concur with the notion that the division between male and female attributes is not biological but cultural.)

[6]Cuauhtémoc was the last Aztec Emperor who died in 1522, having been captured and tortured by the Spaniards. According to legend, he was made to lie on a bed on top of burning coals.

[7]Toril Moi, 'Theoretical reflections' in *Sexual/Textual Politics*, London, New York: Methuen, 1985, pp. 70–88.

The inclusion of terms from philosophy such as 'prolegómenos', 'propedéutica', and a few lines further on, 'antinomia' and 'aporía', in the context of cooking instructions is an exercise in transcoding by which Castellanos means to break the barriers separating womanspeke from High Culture. This deliberate violation of cultural boundaries (reinforced by the displaced used of 'profano') is not merely extremely humorous but has the subversive effect of ridiculing ideas of gender/genre 'decorum'. The mixture of formal language and colloquialism has a similar effect. It is part of a general stylistic attempt at linguistic and structural fluidity. To the extent that *écriture féminine* is about breaking down rigid categorisation based upon rationalism, 'Lección de cocina' conforms to this style of writing also by the freedom with which it moves from one thought process to another, showing the free-flow of thought associations in a free-flowing style, reflecting this fluidity of the senses. Not all sentences have a main verb, nor do they follow 'logically' from the preceding sentence.

The question 'Who am I?' is one of our legacies from the Romantic era. This search for individual identity has often been discussed in Spanish American literature in tandem with the larger question of national identity, or in conjunction with certain existentialist preoccupations of authenticity.[8] Recently, critical theory has examined the construction of the subject from a variety of angles, linguistic, social and cultural. Freud's 'What do women want?' has led to the assertion by Lacan that to talk of 'la femme' is an impossibility as women cannot be defined in positive terms, but only as a 'lack'.[9] This line has been taken up more positively for feminism by Kristeva in her essay, 'La femme ce n'est jamais ça', where she argues that, 'In "woman" I see something that cannot be represented, something that is not said, something above and beyond nomenclatures and ideologies'.[10] The protagonist of 'Lección de cocina' illustrates this refusal to be defined by pariarchal assumptions, whether espoused by men or by women, when she declares: 'Esta definición no me es aplicable y tampoco la anterior, ninguna corresponde a mi verdad interna, ninguna salvaguarda mi autenticidad' (p. 72). The story emphasises the protagonist's vain attempts to resist the annihilation of her individuality. Told in first person narrative, there is an insistence throughout the narrative on the word *yo* as an attempt to create a space for herself in an ambience which is trying to swallow her up: 'Yo, por lo menos: yo permaneceré.' 'Soy yo. ¿Pero quién soy yo? Tu esposa, claro' (p. 67).

[8]Carlos Fuentes, *La muerte de Artemio Cruz*, Mexico: Fondo de Cultura Económica, 1962; Cortázar, *Rayuela*, Buenos Aires: Sudamerican, 1963.

[9]See Moi, 'Theoretical reflections', pp. 32–3 and 99–100.

[10]J. Kristeva in an interview on 'psychoanalysis and politics' *Tel Quel*, Autumn, 1974, pp. 19–24.

This is the inevitable realisation that woman, in patriarchy, is always defined by her relationship to the man who possesses her body and inscribes her language. The cooking lesson that has brought her from nature to culture is described as an illuminating (enlightening) process of metamorphosis: 'Es verdad que en el contacto o colisión con él he sufrido una metamorfosis profunda: no sabía y sé, no sentía y siento, no era y soy' (p. 65). The ironic use of mystical language to express a negative experience characterises Castellanos's fine use of mimicry as part of her dismantling process of patriarchal assumptions. Similarly the seeming acquiescence of the statement: 'Mi lugar está aquí. Desde el principio de los tiempos ha estado aquí' (p. 62), must be read against the overall ironic stance of the story. By repeating known phrases to suggest the exact opposite of their surface meaning, Castellanos exposes the vast gulf separating existing patterns of thought from women's hidden aspirations.

As a feminist text, narrated from a female perspective and set within the confines of a 'female space', 'Lección de cocina' fulfils one of feminism's primary aims: to reclaim the long submerged territory of female experience.

61

Lección de cocina

La cocina resplandece de blancura. Es una lástima tener que mancillarla con el uso. Habría que sentarse a contemplarla, a describirla, a cerrar los ojos, a evocarla. Fijándose bien esta nitidez, esta pulcritud carece del exceso deslumbrador que produce escalofríos en los sanatorios. ¿O es el halo de desinfectantes, los pasos de goma de las afanadoras, la presencia oculta de la enfermedad y de le muerte? Qué me importa. Mi lugar está aquí. Desde el principio de los tiempos ha estado aquí. En el proverio alemán la mujer es sinónimo de Küche, Kinder, Kirche.[1] Yo anduve extraviada en aulas, en calles, en oficinas, en cafés; desperdiciada en destrezas que ahora he de olvidar para adquirir otras. Por ejemplo, elegir el menú. ¿Cómo podría llevar al cabo labor tan ímproba sin la colaboración de la sociedad, de la historia entera? En un estante especial, adecuado a mi estatura, se alinean mis espíritus protectores, esas aplaudidas equilibristas que concilian en las páginas de los recetarios las contradicciones más irreductibles: la esbeltez y la gula, el aspecto vistoso y la economía, la celeridad y la suculencia. Con sus combinaciones infinitas: la esbeltez y la economía, la celeridad y el aspecto vistoso, la suculencia y … ¿Qué me aconseja usted para la comida de hoy, experimentada ama de casa, inspiración de las madres ausentes y presentes, voz de la tradición, secreto a voces de los supermercados?[2] Abro un libro al azar y leo: 'La cena de don Quijote'. Muy literario pero muy insatisfactorio. Porque don Quijote no tenía fama de gourmet sino de despistado. Aunque un análisis más a fondo del texto nos revela, etc., etc., etc. Uf. Ha corrido más tinta en torno a esa figura que agua debajo de los puentes. 'Pajaritos de centro de cara'. Esotérico. ¿La cara de quién? ¿Tiene un centro la cara de algo o de

[1]*Kitchen, children* and *church*, as the confines of a women's existence.
[2]*a loudly proclaimed secret.* Castellanos is here imitating the cadences of Cervantine prose.

alguien? Si lo tiene no ha de ser apetecible. 'Bigos a la rumana.[3] Pero ¿a quién supone usted que se está dirigiendo? Si yo supiera lo que es estragón y ananá no estaría consultando este libro porque sabría muchas otras cosas. Si tuviera usted el mínimo sentido de la realidad debería, usted misma o cualquiera de sus colegas, tomarse el trabajo de escribir un diccionario de términos técnicos, redactar unos prolegómenos, idear una propedéutica para hacer accesible al profano el difícil arte culinario.[4] Pero parten del supuesto de que todas estamos en el ajo y se limitan a enunciar. Yo, por lo menos, declaro solemnemente que no estoy, que no he estado nunca ni en este ajo que ustedes comparten ni en ningún otro. Jamás he entendido nada de nada. Pueden ustedes observar los síntomas: me planto, hecha una imbécil, dentro de una cocina impecable y neutra, con el delantal que usurpo para hacer un simulacro de eficiencia y del que seré despojada vergonzosa pero justicieramente.

Abro el compartimiento de refrigerador que anuncia 'carnes' y extraigo un paquete irreconocible bajo su capa de hielo. La disuelvo en agua caliente y se me revela el título sin el cual no habría identificado jamás su contenido: es carne especial para asar. Magnífico. Un plato sencillo y sano. Como no representa la superación de ninguna antinomia ni el planteamiento de ninguna aporía, no se me antoja.

Y no es sólo el exceso de lógica el que me inhibe el hambre. Es también el aspecto, rígido por el frío; es el color que se minifiesta ahora que he desbaratado el paquete. Rojo, como si estuviera a punto de echarse a sangrar.

Del mismo color teníamos la espalda, mi marido y yo después de las orgiásticas asoleadas en las playas de Acapulco. El podía darse el lujo de 'portarse como quien es' y tenderse boca abajo para que no le rozara la piel dolorida. Pero yo, abnegada mujercita mexicana que nació como la paloma para el nido, sonreía a semejanza de Cuauhtémoc en el suplicio cuando dijo 'mi lecho no es de rosas y se volvió a callar'. Boca arriba soportaba no sólo mi propio peso sino el de él encima del mío. La postura clásica para

---

[3]No explanation has been found for 'bigos'.

[4]Castellanos is deliberately introducing terms from philosophical discourse in a culinary context.

hacer el amor. Y gemía, de desgarramiento, de placer. El gemido clásico. Mitos, mitos.

Lo mejor (para mis quemaduras, al menos) era cuando se quedaba dormido. Bajo la yema de mis dedos —no muy sensibles por el prolongado contacto con las teclas de la máquina de escribir— el nylon de mi camisón de desposada resbalaba en un fraudulento esfuerzo por parecer encaje.[5] Yo jugueteaba con la punta de los botones y esos otros adornos que hacen parecer tan feminina a quien los usa, en la oscuridad de la alta noche. La albura de mis ropas, deliberada, reiterativa, impúdicamente simbólica, quedaba abolida transitoriamente. Algún instante quizá alcanzó a consumar su significado bajo la luz y bajo la mirada de esos ojos que ahora están vencidos por la fatiga.

Unos párpados que se cierran y he aquí, de nuevo, el exilio. Uno enorme extensión arenosa, sin otro desenlace que el mar cuyo movimiento propone la parálisis; sin otra invitación que la del acantilado al suicidio.

Pero es mentira. Yo no soy el sueño que sueña, que sueña, que sueña; yo no soy el reflejo de una imagen en un cristal; a mí no me aniquila la cerrazón de una conciencia o de toda conciencia posible. Yo continúo viviendo con una vida densa, viscosa, turbia, aunque el que está a mi lado y el remoto, me ignoren, me olviden, me pospongan, me abandonen, me desamen.

Yo también soy una conciencia que puede clausurarse, desamparar a otro y exponerlo al aniquilamiento. Yo … La carne, bajo la rociadura de la sal, ha acallado el escándalo de su rojez y ahora me resulta más tolerable, más familiar. Es el trozo que vi mil veces, sin darme cuenta, cuando me asomaba, de prisa, a decirle a la cocinera que …

No nacimos juntos. Nuestro encuentro se debió a un azar ¿feliz? Es demasiado pronto aún para afirmarlo. Coincidimos en una exposición, en una conferencia, en un cine-club; tropezamos en un elevador; me cedió su asiento en el tranvía; un guardabosques interrumpió nuestra perpleja y, hasta entonces, paralela contemplación de la jirafa porque era hora de cerrar el zoológico. Alguien,

---

[5]*my bridal nylon nightgown sliding smoothly in a fraudulent attempt to look like lace.*

64

él o yo, es igual, hizo la prejunta idiota pero indispensable: ¿usted trabaja o estudia? Armonía del interés y de las buenas intenciones, manifestación de propósitos 'serios'. Hace un año y no tenía la menor idea de su existencia y ahora reposo junto a él con los muslos entrelazados, húmedos de sudor y de semen. Podría levantarme sin despertarlo, ir descalza hasta la regadera. ¿Purificarme? No tengo asco. Prefiero creer que lo que me une a él es algo tan fácil de borrar como una secreción y no tan terrible como un sacramento.

Así que permanezco inmóvil, respirando rítmicamente para imitar el sosiego, puliendo mi insomnio, la única joya de soltera que he conservado y que estoy dispuesta a conservar hasta la muerte.

Bajo el breve diluvio de pimienta la carne parece haber encanecido. Desvanezco este signo de vejez frotando como si quisiera traspasar la superficie e impregnar el espesor con las esencias. Porque perdí mi antiguo nombre y aún no me acostumbro al nuevo, que tampoco es mío. Cuando en el vestíbulo del hotel algún empleado me reclama yo permanezco sorda, con ese vago malestar que es le preludio del reconocimiento. ¿Quién será la persona que no atiende a la llamada? Podría tratarse de algo urgente, grave, definitivo, de vida o muerte. El que llama se desespera, se va sin dejar ningún rastro, ningún mensaje y anula la posibilidad de cualquier nuevo encuentro. ¿Es la angustia la que oprime mi corazón? No, es su mano la que oprime mi hombro. Y sus labios que sonríen con una burla benévola, más que de dueño, de taumaturgo.

Y bien, acepto mientras nos encaminamos al bar (el hombro me arde, está despellejándose) es verdad que en el contacto o colisión con él he sufrido una metamorfosis profunda: no sabía y sé, no sentía y siento, no era y soy.

Habrá que dejarla reposar así. Hasta que ascienda a la temperatura ambiente, hasta que se impregne de los sabores de que la he recubierto. Me da la impresión de que no he sabido calcular bien y de que he comprado un pedazo excesivo para nosotros dos. Yo, por pereza, no soy carnívora. Él, por estética, guarda la línea. ¡Va a sobrar casi todo! Sí, ya sé que no debo preocuparme: que alguna de las hadas que revolotean en torno mío va a acudir en mi auxilio y a explicarme cómo se aprovechan los desperdicios. Es un paso en falso de todos modos. No se inicia una vida conyugal de manera tan sórdida. Me temo que no se inicie tampoco con un platillo tan anodino como la carne asada.

Gracias, murmuro, mientras me limpio los labios con la punta de la servilleta. Gracias por la copa transparente, por la acietuna sumergida. Gracias por haberme abierto la jaula de una rutina estéril para cerrarme la jaula de otra rutina que, según todos los propósitos y las posibilidades, segun todos los propósitos y las posibilidades, ha de ser fecunda. Gracias por darme la oportunidad de lucir un traje largo y caudaloso,[6] por ayudarme a avanzar en el interior del templo, exaltada por la música de órgano. Gracias por …

Cuánto tiempos se tomará para estar lista? Bueno, no debería de importarme demasiado porque hay que ponerla al fuego a última hora. Tarda muy poco, dicen los manuales. ¿Cuánto es poco? ¿Quince minutos? ¿Diez? ¿Cinco? Naturalmente, el texto no especifica. Me supone una intuición que, según mi sexo, debo poseer pero que no poseo, un sentido sin el que nací que me permitiría advertir el momento preciso en que la carne está a punto.

¿Y tú ¿No tienes nada que agradecerme? Lo has puntualizado con una solemnidad un poco pedante y con una precisión que acaso pretendía ser halagadora pero que me resultaba ofensiva: mi virginidad. Cuando la descubriste y me sentí como el último a justificarme, explicar que si llegué hasta ti intacta no fue por virtud ni por orgullo ni por fealdad sino por apego a un estilo. No soy barroca. La pequeña imperfección en la perla me es insoportable. No me queda entonces más alternativa que el neoclásico y su rigidez es incompatible con la espontaneidad para hacer el amor. Yo carezco de la soltura del que rema, del que juega al tenis, del que se desliza bailando. No practico ningún deporte. Cumplo un rito y el ademán de entrega se me petrifica en un gesto estatuario.

¿Acechas mi tránsito a la fluidez. lo esperas, lo necesitas? ¿O te basta esta hieratismo que te sacraliza y que tú interpretas como la pasividad que corresponde a mi naturaleza? Y si a la tuya corresponde ser voluble te tranquilizará pensar que no estorbaré tus aventuras. No será indispensable —gracias a mi temperamento—

---

[6]*wide*, *voluminous* (normally used for a river bed). The reference here is to the train of the wedding dress.

que me cebes, que me ates de pies y manos con los hijos, que me amordaces con la miel espesa de la resignación. Yo permaneceré como permanezco. Quieta. Cuando dejas caer tu cuerpo sobre el mío siento que me cubre una lápida, llena de inscripciones, de nombres ajenos, de fechas memorablies. Gimes inarticuladamente y quisiera susurrarte al oído mi nombre par que recuerdes quién es a la que posees.

Soy yo. ¿Pero quién soy yo? Tu esposa, claro. Y ese título basta para distinguirme de los recuerdos del pasado, de los proyectos para el porvenir. Llevo una marca de propiedad y no obstante me miras con desconfianza. No estoy tejiendo una red para prenderte. No soy una mantis religiosa. Te agradezco que creas en semejante hipótesis. Pero es falsa.

Esta carne tiene una dureza y una consistencia que no caracterizan a las reses. Ha de ser de mamut. De esos que se han conservado, desde la prehistoria, en los hielos de Siberia y que los campesinos descongelan y sazonan para la comida. En el aburridísimo documental que exhibieron en la Embajada, tan lleno de detalles superfluos, no se hacía la menor alusión al tiempo que dedicaban a volverlos comestibles. Años, meses. Y yo tengo a mi disposición un plazo de …

¿Es la alondra? ¿Es el ruiseñor? No, nuestro horario no va a regirse por tan aladas criaturas como las que avisaban el advenimiento de la aurora a Romeo y Julieta sino por un estentóreo e inequívoco despertador. Y tú no bajarás al día por la escala de mis trenzas[7] sino por los pasos de una querella minuciosa: se te ha desprendido un botón del saco, el pan está quemado, el café frío.

Yo rumiaré, en silencio, mi rencor. Se me atribuyen las responsabilidades y las tareas de una criada para todo. He de mantener la casa impecable, la ropa lista, el ritmo de la alimentación infalible. Pero no se me paga ningún sueldo, no se me concede un día libre a la semana, no puedo cambiar de amo. Debo, por otra parte, contribuir al sostenimiento del hogar y he de desempeñar con eficacia un trabajo en el que el jefe exige y los compañeros conspiran y los subordinados odian. En mis ratos de ocio me transformo en una dama de sociedad que ofrece comidas y cenas a

[7]A reference to the story of Rapunzel.

los amigos de su marido, que asiste a reuniones, que se abona a la ópera, que controla su peso, que renueva su guardarropa, que cuida la lozanía de su cutis, que se conserva atractiva, que está al tanto de los chismes, que se desvela y que madruga, que corre el riesgo mensual de la maternidad, que cree en las juntas nocturnas de ejecutivos, en los viajes de negocios y en la llegada de clientes imprevistos; que padece alucinaciones olfativas cuando percibe la emanación de perfumes franceses (diferentes de los que ella usa) de las camisas, de los pañuelos de su marido; que en sus noches solitarias se niega a pensar por qué o para qué tantos afanes y se prepara una bebida bien cargada y lee una novela policiaca con ese ánimo frágil de los convalescientes.

¿No sería oportuno prender la estufa? Una lumbre muy baja para que se vaya calentando, poco a poco, el asador 'que previamente ha de untarse con un poco de grasa para que la carne no se pegue'. Eso se me ocurre hasta a mí, no había necesidad de gastar en esas recomendaciones las páginas de un libro.

Y yo, soy muy torpe. Ahora se llama torpeza; antes se llamaba inocencia y te encantaba. Pero a mí no me ha encantado nunca. De soltera leía cosas a escondidas. Sudando de emoción y de vergüenza. Nunca me enteré de nada. Me latían las sienes, se me nublaban los ojos, se me contraían los músculos en un espasmo de náusea.

El aceite está empezando a hervir. Se me pasó la mano, manirrota, y ahora chisporrotea y salta y me quema. Así voy a quemarme yo en los apretados infiernos por mi culpa, por mi culpa, por mi grandísima culpa. Pero, niñita, tú no eres la única. Todas tus compañeras de colegio hacen lo mismo, o cosas peores, se acusan en el confesionario, cumplen la penitencia, las perdonan y reinciden. Todas. Si yo hubiera seguido frecuentándolas me sujetarían ahora a un interrogatorio. Las casadas para cerciorarse, la solteras para averiguar hasta dónde pueden aventurarse. Imposible defraudarlas. Yo inventaría acrobacias, desfallecimientos sublimes, transportes como se les llama en Las mil y una noches, récords. ¡Si me oyeras entonces no te reconocerías, Casanova!

Dejo caer la carne sobre la plancha e instintivamente retrocedo hasta la pared. ¡Qué estrépito! Ahora ha cesado. La carne yace silenciosamente, fiel a su condicion de cadáver. Sigo creyendo que es demasiado grande.

Yo no es que me hayas defraudado. Yo no esperaba, es cierto, nada en particular. Poco a poco iremos revelándonos mutuamente, descubriendo nuestros secretos, nuestros pequeños trucos, aprendiendo a complacernos. Y un día tú y yo seremos una pareja de amantes perfectos y entonces, en la mitad de un abrazo, nos desvaneceremos y aparecerá en la pantalla la palabra 'fin'.

¿Qué pasa? La carne se está encogiendo. No, no me hago ilusiones, no me equivoco. Se puede ver la marca de su tamaño original por el contorno que dibujó en la plancha. Era un poco más grande. ¡Qué bueno! Ojalá quede a la medida de nuestro apetito.

Para la siguiente película me gustaría que me encargaran otro papel. ¿Bruja blanca en una aldea salvaje? No, hoy me siento inclinada ni al heroísmo ni al peligro. Más bien mujer famosa (diseñadora de modas o algo así), independiente y rica que vive sola en un apartamento en Nueva York, Paris o Londres. Sus 'affaires' ocasionales la divierten pero no la alteran. No es sentimental. Después de una escena de ruptura enciende un cigarrillo y contempla el paisaje urbano al través de los grandes ventanales de su estudio.

Ah, el color de la carne es ahora mucho más decente. Sólo en algunos puntos se obstina en recordar su crudeza. Pero lo demás es dorado y exhala un aroma delicioso. ¿Irá a ser suficiente para los dos? La estoy viendo muy pequeña.

Si ahora mismo me arreglara, estrenara uno de esos modelos que forman parte de mi trousseau y saliera a la calle ¿qué sucedería, eh? A la mejor me abordaba un hombre maduro, con automóvil y todo. Maduro, Retirado. El único que a estas horas puede darse el lujo de andar de cacería.[8]

¿Qué rayos pasa? Esta maldita carne está empezando a soltar un humo negro y horrible. ¡Tenía yo que haberle dado vuelta! Quemada de un lado. Menos mal que tiene dos.

Señorita, si usted me permitiera … ¡Señora! Y le advierto que mi marido es muy celoso… Entonces no debería dejarla andar sola. Es usted una tentación para cualquier viandante. Nadie en el

[8]To be on the pick-up.

mundo dice viandante. ¿Transeúnte? Sólo los periódicos cuando hablan de los atropellados. Es usted una tentación para cualquier x. Sig-ni-fi-ca-ti-vo. Miradas de esfinge. El hombre maduro me sigue a prudente distancia. Más le vale. Más me vale a mí porque en la esquina ¡zas! Mi marido, que me espía, que no me deja ni a sol ni a sombra, que sospecha de todo y de todos, señor juez. Que así no es posible vivir, que yo quiero divorciarme.

¿Y ahora qué? A esta carne su mamá no le enseñó que era carne y que debería de comportarse con conducta. Se enrosca igual que una charamusca. Además y no sé de dónde puede seguir sacando tanto humo si ya apagué la estufa hace siglos. Claro, claro, doctora Corazón. Lo que procede ahora es abrir la ventana, conectar el purificador de aire para que no huela a nada cuando venga mi marido. Y yo saldría muy mona a recibirlo a la puerta, con mi mejor vestido, mi mejor sonrisa y me más cordial invitación a comer fuera.

Es una posibilidad. Nosotros examinaríamos la carta del restaurante mientras un miserable pedazo de carne carbonizada, yacería, oculta, en el fondo del bote de la basura. Yo me cuidaría mucho de no mencionar el incidente y sería considerada como una esposa un poco irresponsable, con proclividades a la frivolidad pero no como una tarada. Ésta es la primera imagen pública que proyecto y he de mantenerme después consecuente con ella, aunque sea inexacta.

Hay otra posibilidad. No abrir la ventana, no conectar el purificador de aire, no tirar la carne a la basura. Y cuando venga mi marido dejar que olfatee, como los ogros de los cuentos, y diga que aquí huele, no a carne humana, sino a mujer inútil. Y exageraré mi compunción para incitarlo a la magnanimidad. Después de todo, lo ocurrido ¡es tan normal! ¿A qué recién casada no le pasa lo que a mí acaba de pasarme? Cuando vayamos a visitar a mi suegra, ella, que todavía está en la etapa de no agredirme porque no conoce aún cuáles son mis puntos débiles, me relatará sus propias experiencias. Aquella vez, por ejemplo, que su marido le pidió un par de huevos estrellados y ella tomó la frase al pie de al letra y … ja, ja, ja. ¿Fue eso un obstáculo para que llegara a convertirse en una viuda fabulosa, digo, en una cocinera fabulosa? Porque lo de la viudez sobrevino mucho más tarde y por otras causas. A partir de entonces ella dio rienda suelta a sus instintos maternales y echó a perder con sus mimos…

No, no le va a hacer le menor gracia. Va a decir que me distraje, que es el colmo del descuido. Y, sí, por condescendencia yo voy a aceptar sus acusaciones.

Pero no es verdad, no es verdad. Yo estuve todo el tiempo pendiente de la carne, fijándome en que le sucedían una serie de cosas rarísimas. Con razón Santa Teresa decía que Dios anda en los pucheros.[9] O la materia que es energía o como se llame ahora.

Recapitulemos. Aparece, primero el trozo de carne con un color, una forma, un tamaño. Luego cambia y se pone más bonita y se siente una muy contenta. Luego vuelve a cambiar y ya no está tan bonita. Y sigue cambiando y cambiando y cambiando y lo que uno no atina es cuándo pararle el alto. Porque si yo dejo este trozo de carne indefinidamente expuesto al fuego, se consume hasta que no queden ni rastros de él. Y el trozo de carne que daba la impresión de ser algo tan sólido, tan real, ya no existe.

¿Entonces? Mi marido también da la impresión de solidez y de realidad cuando estamos juntos, cuando lo toco, cuando lo veo. Seguramente cambia, y cambio yo también, aunque de manera tan lenta, tan morosa que ninguno de los dos lo advierte. Después se va y bruscamente se convierte en recuerdo y … Ah, no, no voy a caer en esa trampa: la del personaje inventado y el narrador inventado y la anécdota inventada. Además, no es la consecuencia que se deriva lícitamente del episodio de la carne.

La carne no ha dejado de existir. Ha sufrido una serie de metamorfosis. Y el hecho de que cese de ser perceptible para los sentidos no significa que se haya concluido el ciclo sino que ha dado el salto cualitativo. Continuará operando en otros niveles. En el de mi conciencia, en el de mi memoria, en el de mi voluntad, modificándome, determinándome, estableciendo la dirección de mi futuro.

Yo seré, de hoy en adelante, lo que elija en este momento.

---

[9]Santa Teresa de Avila wrote famously: 'Entended, que si es en la cocina, entre los pucheros anda el Señor'.

Seductoramente aturdida, profundamente reservada, hipócrita. Yo impondré, desde el principio, y con un poco de impertinencia, las reglas del juego. Mi marido resentirá la impronta de mi dominio que irá dilatándose, como los círculos en la superficie del agua sobre la que se ha arrojado una piedra. Forcejeará por prevalecer y si cede yo le corresponderé con el desprecio y si no cede yo no seré capaz de perdonarlo.

Si asumo la otra actitud, si soy el caso típico, la femineidad que solicita indulgencia para sus errores, la balanza se inclinará a favor de mi antagonista y yo participaré en la competencia con un handicap que, aparentemente, me destina a la derrota y que, en el fondo, me garantiza el triunfo por las sinuosa vía que recorrieron mis antepasadas, las humildes, las que no abrían los labios sino para asentir, y lograron la obediencia ajena hasta al más irracional des sus caprichos. La receta, pues, es vieja y su eficacia está comprobada. Si todavía lo dudo me basta preguntar a la más próxima de mis vecinas. Ella confirmará mi certidumbre.

Sólo que me repugna actuar así. Esta definición no me es aplicable y tampoco la anterior, ninguna corresponde a mi verdad interna, ninguna salvaguarda mi autenticidad. ¿He de acogerme a cualquiera de ellas y ceñirme a sus términos sólo porque es un lugar común aceptado por la mayoría y comprensible para todos? Y no es que yo sea una 'rara avis'. De mí se puede decir lo que Pfandl dijo de Sor Juana:[10] que pertenezco a la clase de neuróticos cavilosos. El diagnóstico es muy fácil ¿pero qué consecuencias acarrearía asumirlo?

Si insisto en afirmar mi versión de los hechos mi marido va a mirarme con suspicacia, va a sentirse incómodo en mi compañía y va a vivir en la continua expectativa de que se me declare la locura.

Nuestra convivencia no podrá ser más problemática. Y él no quiere conflictos de ninguna índole. Menos aún conflictos tan abstractos, tan absurdos, tan metafísicos como los que yo le plantearía. Su hogar es el remanso de paz en que se refugia de la tempestades de la vida. De acuerdo. Yo lo acepté al casarme y

---

[10]A reference to Ludwig Pfandl's psychoanalytically-based biography *Sor Juana Inés de la Cruz: la décima musa de México. Su vida, su poesía, su psique*, (México, 1963, from the original German).

estaba dispuesta a llegar hasta el sacrificio en aras de la armonía conyugal. Pero yo contaba con que el sacrificio, el renunciamiento completo a lo que soy, no se me demandaría más que en la Ocasión Sublime, en la Hora de las Grandes Resoluciones, en el Momento de la Decisión Definitiva. No con lo que me he topado hoy que es algo muy insignificante, muy ridículo. Y sin embargo …

Rosario Ferré (Puerto Rico, born 1942?)

Rosario Ferré was born into one of the wealthiest families in Ponce, Puerto Rico, where she spent the first twenty years of her life. She was educated both in Puerto Rico and in the USA, studying European and Spanish-American literature, and she considers herself a bilingual writer. Although Ferré writes mainly in Spanish, both her own and the collaborative translations of her work into English show her special sensitivity to cultural resonances in both languages.[1] She began her literary career in 1972 as the publisher (until 1975) of the magazine *Zona de carga y descarga* and contributed in important ways to the counter-cultural orientation of this publication.

Ferré is known equally for her fiction writing, her essays and her poetry, and has won several awards for her short stories. In her work issues of oppression are tackled in their multiple manifestations, involving class and race but mainly gender. Her writing, far from being simply didactic, seeks to break not only with the existing power system but also with the traditional art forms expressing such a system. A constant feature of Ferré's work, expressed in a variety of forms, is to change the representation of women and femininity in canonical Puertorican literature by exploring the possibilities of other ways of writing. As an example of this, the co-existence of different, clashing narrative voices undermining all notions of authorial privilege can be found in most of her short stories and in her first novel, *Maldito amor* (1986). It is the salient characteristic of 'Mercedes Benz 220 SL' (p. 85) which first appeared in the highly acclaimed collection *Papeles de Pandora* (1976).

It is almost impossible to summarise this dense and complex story. The plot concerns a middle-aged couple, Papi and Mami, driving at great speed in their new luxury car when, blinded by rain, they accidentally hit a young man. Papi is reluctant to offer help for fear of staining his new car, so that when a young woman steps in from the wayside to take charge of the victim, he feels released of any obligation and just hands her a scribbled note with their address. Some weeks later the woman visits the

---

[1]See her essay 'Destiny, language, and translation, or Ophelia adrift in the C & O Canal' in *Women's Writing in Latin America. An Anthology*, eds Sara Castro-Clarén, Sylvia Molloy and Beatriz Sarlo, Boulder, Westview Press, 1991, pp. 89–94.

couple's home. Mami shows genuine concern and offers assistance: this is refused as being no longer necessary, but the relief the news brings is brutally dissipated by the announcement 'el muchacho está muerto, señora, eso venía a decirle'. 'El muchacho' was her lover and he was the couple's estranged son, on his way to his parents' house for his weekly visit. But the woman does not tell Mami that the victim was their son: her private revenge is that they will go on waiting for him in vain for the rest of their lives. The story, however, does not end on this perverse triumphalist note but where it began, in the Mercedes, with Mami giving Papi a completely distorted account of the visit and claiming to have had the upper hand on a blackmailing little vixen. The inconsistency of the ending opens up the story to a variety of conflicting interpretations.

In the title, Mercedes Benz refers to an extremely expensive, top-of the-range German car, a symbol of power and respectability. Yet the name itself has obvious female connotations, Mercedes being a common Spanish girl's name signifying the (mostly female) quality of mercy. Caught in the double-play of the name, the car embodies gendered characteristics: it is male in that it represents machismo by virtue of the power and speed of its engine and its aggressively expensive appearance, but it is also suggestively curvaceous, light to the touch, responsive and sensuous in look and feel. On the one hand it is an extension of Papi's male ego, forging its way through the crowded streets without regard to the pedestrians on them. On the other hand it is a womb-like extension of the couple's luxurious home, a place of comfort and shelter from rain and violence. Juan Gelpí has argued that one of the transgressive practices of Ferré is to flout the traditional demarcation lines between the symbolic spaces of the home and the street, which in this story are conjoined by the eponymous Mercedes.[2] The car is very much an active force at the centre of the story in that it is the site and the agent of its principal events.

Ferré's narrative also seeks to demolish the traditional image of the family as a stable, ordered and harmonious entity. 'Mercedes Benz' may be described as an atonal mixed-voiced quartet, with each character playing in a different tune and at a different pitch, their interacting voices disturbing rather than offering a peaceful melody. There are individual passages of great lyricism, as will be discussed below, but the overall effect is of discordance.

The four main characters each provide a separate point of tension. In Papi, Ferré combines criticism of Puerto Rican social and familial struc- tures. He is the representative of crass power, bullying his way at home as ruthlessly as in the outside world. He dominates through his material

[2]J. Gelpí, *Literatura y paternalismo en Puerto Rico*, Editorial de la Universidad de Puerto Rico, 1994, pp. 156, 166.

wealth, crushing all who stand in his way, which his 'accident' demonstrates all too tragically. His wife is little more than a material commodity, her 'use-value', in Marxist terminology, being the ability to procreate, and her 'indirect use value' being to confirm his power to himself and advertise it to the rest of society: a show-piece to reflect his wealth.[3] While he depends on her for social respectability and takes pride in her expensive tastes – 'toda una señora toda una dama y sin eso no se puede funcionar' –, all he offers her is a gilded cage, whereas he is free to roam at will with 'las muchachitas cabronas' whom he is planning to seduce in the new car. Everything he does or says is an expression of his 'machismo', a need to assert authority in sexual terms. Jean Franco has remarked that in Ferré's writing the personal and the political are inseparable.[4] The political denunciation which underlies much of the story is most explicit in connection with Papi. His speeding Mercedes among the destitute people highlights the vast difference in economic terms between the rich and the poor in Latin America.

In some ways, the social relationships can be described as feudal. Papi is the representative of the feudal baron, all powerful in his domain, beyond the law or official authority: 'qué policía ni qué demonios, este carro es del fuerte donde quiere que vayamos nos dará la razón' (p. 86). But whereas in feudal society there was an element at least of social cohesion and interdependence, here there is total alienation between the classes. Symbolically separated by the car windows, those on the outside show hatred and envy of the couple in the car ('la puta que los parió'), whereas the couple, and Papi particularly, speak of the poor in the most derogatory terms, referring to them repeatedly as subhuman monkeys by virtue of the way they smell, live piled together, and, by inference, the darkness of their skin. There is no sense of either paternalism or compassion. Rather, the opposite: a sense of great fear of having to keep the masses down lest they take over, suggested by remarks such as 'en este país lo único que vale es la fuerza' (p. 86). Papi's lascivious thoughts about the (presumably lower-class) young girls he would 'lay' in his car is an extension of the feudal practice known as *droit de seigneur* (the right to deflower a vassal's bride).

Significantly, Papi mentions his Swiss Bank account as though it were

[3]Luce Irigaray has theorised this use of women in sexual terms in *Ce sexe qui n'en est pas un,* Paris: Minuit, 1977. She writes: 'For woman is traditionally use-value for man, exchange value among men. Merchandise then.' Quoted from a translation of this essay in Elaine Marks and Isabelle de Courtivron, *New French Feminisms*, p. 105.
[4]Jean Franco, *The Youngest Doll*, London: Harvester, 1981, Lincoln and London: University of Nebraska, 1991.

part of common practice by those of his class. The consumerism of the rich is symbolised by the inventory of luxury items bedecking Mami: 'tus zapatos de cocodrilo de 50 dólares y tu sortija emerald cut diamond de 9 kilates parece una pista de patinar en hielo dijiste cuando te lo compré ...' (p. 00).[5] Towards the end of the story further shopping sprees in Madrid are planned to recover from the unpleasantness of the accident.

Papi's male counterpart is his son whose power lies in taking negative options such as leaving home, and using the silence as to his whereabouts as his one instrument of defiance of his parents. This is an interesting instance of cross-gendering as the resistance of silence has traditionally been considered a feminine means of exerting power, being one of the tools described as the 'tricks of the weak' by Josefina Ludmer in her groundbreaking study of Sor Juana Inés de la Cruz.[6] The effectiveness of his silence, however, must be gauged against the story's outcome: in a reverse Oedipal situation, it is the unknowing, but not blameless, father who kills the son who is on his way to visit his mother.

The two women characters in the story are presented with greater insight and subtlety. 'La muchacha', who spends a lot of her time musing by the kitchen sink, appears quite ordinary at first were it not for her need to possess objects secretly and completely, burying them in order to feel the intimate pleasure of being alone in knowing where they are.[7] This strange habit takes on mawkish dimensions when she buries her dead lover, continuing to feel his emotional and physical presence underfoot: 'Sin darse cuenta comenzó a cambiar el peso del cuerpo de un pie a otro pie, colocando de una vez toda la planta en el suelo, como si pisase con infinita ternura el rostro de alguien amado.' (p. 97). In this she is the symbolic counterpart of Papi, who figuratively and unthinkingly also trampled over his possession, Mami. But in her, the tenderness of her trampling is counterbalanced by the sadistic withdrawal of information, relishing in the thought of the young man's parents endlessly awaiting his visit. Once again, Ferré breaks with gendered stereotypes, in that the woman's revenge is not the result of a heated emotion, not a female *crime*

[5]It is interesting to note that the translation, in which Ferré collaborated, converts the sum of $50 to a more impressive $300 to reflect the unequal value of money in the two different speaking worlds. Papi and Mami are rendered as Ralph and Ellie, and Papi's more lascivious thoughts are omitted. On the other hand, certain details are added to the English version, such as the young couple eating on a straw tatami and practising Zen meditation, and 'Ellie's' visit to well-known luxury shops such as Loewe, Dior and Guerlain.

[6]Josefina Ludmer, 'Las tretas del débil', *La sartén por el mango*, eds Patrica Elena González and Eliana Ortega, Puerto Rico: Ediciones Huracán, Puerto Rico, 1984, pp. 47–54.

[7]In Emma Zunz, a story by Borges, Emma too derives intimate pleasure from being the only one to know her father's secret.

passionnel, but a carefully premeditated action.

In an interview with Magdalena García Pinto, Ferré discusses the possibility of rewriting mythological endings, and says, in this context, that the character of Antigone is of great importance to her.[8] With this in mind, it is interesting to see 'la muchacha' as a modern Antigone, her secret act of burial resulting not in her death but in her triumph (in Sophocles' play Antigone secretly buries her dead brother's body against the wishes of the king, their father, and immured in punishment for her defiance, hangs herself).

Mami also appears at first as a conventional, fearful, kind, empty-headed, emotional woman, divided between her devotion to shopping and to the Church. '[D]e las tiendas a la iglesia y de la iglesia a las tiendas' is a witty variation on the dictum regulating a repectable woman's life: 'de la casa a la iglesia y de la iglesia a la casa'. Yet hidden between these two pastimes lie a host of conflicting preoccupations. Mami's voice is constantly duplicitous: she says, and even appears to think one thing, at the conscious level, but her deeper thoughts betray contradictory sentiments. For instance, when driving with her husband she expresses her love and gratitude, 'te quiero mucho Papi', but these words are clearly masking her resentment at his unthinking neglect of her 'siempre la misma sordera', a resentment so deep that it caused her to be speechless for a time until the birth of her son. The broken prose in which this is conveyed illustrates her desperate attempts to find her voice, as if gasping for air.

> [T]ocándome el paladar con el dedo para ver si sale algún sonido casa perro silla la forma de la boca mordiendo los objetos reconociendo la textura de madera o de pelo con el interior del labio comprobando la resistencia a la respiración casa perro silla pero no los objetos no salen … entonces tuve a mi hijo y pude volver a hablar. (p. 87)

Mami's silence, too, is a form of resistance, but not an empowering one, rather the result of feelings of frustration and alienation.[9]

Mami agrees, at surface level, with everything her husband says, his right to enjoy his money and power, his right to be furious at their son, and she is glad that she never succumbed to her desire to leave him feeling that his fame and money were sufficient compensation for his neglect of her. Mami is a most controversial figure, and readers remain divided between those who are unforgiving of her opportunism, seeing her compliance with the system as a sign of callous self-interest, and others who see it more compassionately as her only means of survival in a situation from

---

[8]Magdalena García Pinto, *Women Writers of Latin America,* Austin: University of Texas Press, 1988, p. 98.

[9]Aphasia or loss of speech can occur as the result of extreme stress.

which there is no escape. In either case, she illustrates the extent to which the values of patriarchy have become forcibly interiorised by those living within this system. The most disquieting example of the extreme dislocation necessary for survival in her husband's world takes place at the end of the story when Mami retells the morning's events in such a way as to reflect her husband's thought process and behaviour. The boastful (patriarchal) language used is a means to hide reality, and the accident is suddenly described as 'cuando el hombre se *nos* tiró debajo de las ruedas del carro' (p. 97) (my emphasis, to highlight Mami's alteration of the facts and realignment with her husband). Setting herself up as the heroine of the occasion, she completely misrepresents what had transpired, by suggesting that the news of the young man's death was probably untrue – a trick to extort money from them. Her 'bravery' in withstanding the demands of her husband and defending his honour, is undermined by 'aquella cosa que seguía retorciéndoseme dentro del pecho' (p. 98), an ache that remains unacknowledged, probably unheard.

The counter-cultural presentation of the family in 'Mercedes Benz' demolishes one of the main props upon which Puerto Rican, and indeed Latin American self-image is based. The image of the family as a united, harmonious, quasi-sacred institution here laid bare, reveals, as do Bombal and Castellanos, a picture of unhappiness and isolation from which certain conclusions may be drawn in terms of gender. One, that power has many forms, and is not necessarily the preserve of the male: it can be exerted from the margins either as a form of resistance, as with 'la muchacha', or even, though this is not developed, in terms of specularity, by the fear of becoming like the dispossessed 'chusma'.[10] Two, that whilst money and social standing may act as enabling commodities, they can also be seen, particularly with regards to the middle-aged, bourgeois housewife, as the cause of repression and entrapment. Finally, what the story most dramatically illustrates are the differences that separate the two men and the two women, that undermine many of patriarchy's gender-based assumptions.

'Mercedes Benz' is a small masterpiece of writing that has hitherto been insufficiently examined and its complex narrative technique warrants close study. In 'La cocina de la escritura', an essay by Ferré, she states that while the purpose of her work is didactic or utilitarian in that

[10]Speculum, from the Latin *specere* meaning 'mirror', alludes to the self-reflexivity of Freud's postulation. The reference is to an idea first posited by Freud according to which the little boy, upon seeing his sister's lack of a penis, feels reassured in his own penis-based superiority, but almost simultaneously fears the punishment of castration which would make him become penis-less, like his sister. In this context, 'la chusma' stands for the 'dispossessed' sister.

she seeks to change her world, its most immediate purpose is to give herself pleasure, and to allow herself to invent and reinvent herself through her writing.

> La voluntad de hacerme útil, tanto en cuanto al dilema femenino, como en cuanto a los problemas políticos y sociales que también me atañen, me es absolutamente ajena cuando empiezo a escribir un cuento, no obstante la claridad con la que percibo una vez terminada mi obra. … [E]l lenguaje creador es como la creciente poderosa de un río, cuyas mareas laterales atrapan las lealtades y las convicciones, y el escritor se ve siempre arrasado por su verdad.[11]

The primacy of aesthetic considerations is evident in 'Mercedes Benz' whose most distinguished feature is the innovative and highly poetic use of language. Set within an almost conventional circular structure, opening and finishing in the eponymous Mercedes, the story is divided into five unheaded sections. These alternate between the older couple's opulent car and the younger couple's modest home, and in the last section one setting flows into the other. The rhythm and sentence structure differ with respect to each setting: they become swift in the car, paused and more reflective in the young woman's kitchen – as the following extracts will illustrate.

The opening sentence consists of 37 uninterrupted lines in an amalgam of different voices, Papi's, Mami's, the people on the street, and a third person narrator. At first, the reader is left simply with an impression, not an explanation, as to what is happening. The Möbius-like continuity of the narrative, twisting and turning as it merges inner thoughts with outer speech, first and third person narrators, and direct and free indirect speech is extremely effective in conveying a sense of seamless fluidity, and a blend of characters and voices, whilst dispensing with the ordered hierarchy and authority traditionally invested in an omniscient third person narrator.[12] To make sudden changes in perspective is a common device of experimental narrative, but Ferré uses it in a particular way, which is not simply to show fragmentation or unfixed authority, but to dramatise the details of what is taking place in the story. Progressing with breathless speed and unstopped by syntactical markers, the narrative enacts the swift, unencumbered movement of the car, paralleling the imperceptible changes in point of view with the car's smooth changes of direction. In the following extract the voices of the different narrators are identified by my italics:

---

[11]Ferre, 'La cocina de la escritura', *La sartén por el mango*, eds Patrica Elena González and Eliana Ortega, Puerto Rico: Ediciones Huracán, 1984, p.145.

[12]A Möbius strip does not have two sides but one, in a single continuous surface, which, having only one side has no inside or outside.

(*Papi*): mira cómo coge las curvas pegado al asfalto de la carretera ronroneando poderoso el guía responde al impulso de la punta de mis dedos dentro de los guantes de piel de cerdo … (*Papi repeating Mami's words:*) … para que las manos no me resbalaran sobre los nudillos de la rueda (*Papi:*) que ahora giro a derecha izquierda con la más leve presión las pequeñas lanzas cruzadas (*a possible reference to the Mercedes logo*) sobre el bonete destellando cromo debajo de la lluvia listas para salir disparadas a los ojos de los que nos ven pasar con envidia (*change to the 'chusma':*) que santo carro la madre de los tomates la puta que los parió tremendo armatoste se gastan parece un tanque los tapalodos de alante (*uncertain: Papi, 'chusma' or impersonal narrator:*) rodando rodillos de rinoceronte (*Papi:*) mi familia siempre ha tenido carros grandes, Mami, … (*Mami:*) cuidado Papi le vas a dar (*impersonal narrator:*) la figura del hombre caminando de espaldas al carro por la orilla del camino … (p. 85)

The rhythm and alliteration of 'rodando rodillos de rinoceronte' is an example of the effective use of onomatopoeia, to convey the feel of the car speeding over the possible bumpiness of the asphalt road. The sensation and fear of speed is also conveyed elsewhere via the agglutination of several words such as in 'el túnel que nos va tragando *estrechonegroalante anchocayéndose* atrás' (this and all subsequent use of emphases in quotations are mine). With the use of phrases such as 'los wipers', 'the plate glass' and 'un hitanrun', Ferré breaks with the traditional linguistic purity of Puerto Rican literature and shows the hybridity of its culture particularly as it reflects the influence of the USA.

The second section of the story, focused on the young couple's home, is stylistically equally experimental and interesting. It begins with a passage written in the manner of the *Nouveau Roman*, with a monotone description of minutiae, giving equal weight to every action: 'La muchacha cogió la taza y pasó el dedo índice sobre las rosas azules de la porcelana. Abrió la llave del agua caliente, exprimió la botella plástica y dejó caer tres gotas lentas que contempló deslizarse por el interior de la taza. (p. 88)' In stark contrast with the immediacy and vividness of the opening section, the narrative is here paused, deliberate, and in parts reflexive. Colour and consistence are triggers of flashbacks rupturing the smoothness of the surface of the prose to reveal a troubled subconscious: 'El líquido viscoso, de un verde brutal, *le recordó por un momento el miedo*, pero en seguida dejó que el agua llenara la taza y observó aliviada cómo se deshacía inofensivo en espuma, …'. (p. 88)

The next flashback moves from third to first person narrator pausing on memories of small, useless objects buried in the garden, '… una peinilla que le faltaban dientes, un cisne plástico con una cinta alrededor del cuello …', 'un lipstic gastado, un dedal' (p. 89). This shows Ferré's mastery in stylistic composition, as the enacted memory provides a psychological explanation for the woman's subsequent action, burying her lover in their garden and being the only one to know about it. In strictly structural terms it serves to parallel the car's near accidents alluded to in the opening section, as incidents providing an aesthetic preparation for the dénouement.[13]

In an effort to dismantle the rigid boundaries of rational categorisation, inanimate objects are attributed the characteristics of the animate: 'el candor de la habitación sin muebles', 'la rapidez de las gavetas vacías, la ingenuidad de las perchas ...' (p. 89) Eventually, all rational pretence is abandoned and the narrative becomes a stream of consciousness. In a passage, deriving perhaps from the author's avowed admiration for Surrealism (as indicated by the story's epigraph) and particularly for the work of the Uruguayan Felisberto Hernández, Ferré creates an atmosphere of heightened oneiric lyricism: 'Fíjate en la diferencia entre ellos y nosotros floreciendo ahora debajo de tus manos cultivando anémonas ocultas en los orificios de tu cuerpo cultivando corales en tu piel cada pétalo sedimentando lento supurando púrpura afelpada en los oídos no se oye nada ...' (p. 90).[14] Freed from the ordered limitations of realist narrative, all sense of identity and timing is transcended. There is a reference to 'nosotros los enterrados vivos' which escapes comprehension. It could refer to those who lie buried, crushed by society; or be a premonition of the fate awaiting 'el muchacho'; or an indication that everything has already taken place and the whole story is told in flashback. I should like to suggest that such either/or speculations are irrelevant to a text that does not seek to be pinned down by external, realist coherence.

The last section is the longest and is a narrative *tour de force*, conveying on one level the antagonism existing between the two women, by means of passages that oscillate from one centre of consciousness to another. At one point, however, the girl's thoughts converge imperceptibly into Mami's and the smoothness of the transition may be interpreted as a thread linking an essential female experience. Both women are joined in constant efforts to impose thoughts about material goods upon their deeper emotions by way of sublimating fears and unhappiness. In conclusion, I shall quote at some length from this section in order to show the skilful interweaving of 'difference' and 'sameness' in the construction of

[13]'el tapalodos le pasa a una pulgada de la cabeza cae de bruces sobre la cuneta te cojo en la próxima mico' and 'la carrocería de acero de media pulgada lo que se lleve por delante ni se entera ni una mella le hace al que le dé un bimbazo lo nokea al otro lado del mundo y sin pasaje de regreso' (pp. 86, 88).

[14]In a penetrating interview with Julio Ortega, Ferré discusses her work and particularly the writers that have influenced her. See J. Ortega, *Reapropiaciones* (*Cultura y nueva escritura en Puerto Rico*), Editorial de la Universidad de Puerto Rico, 1991, pp. 205–14 and particularly p. 211.

the two female figures:

> Volvió a meter las manos hasta la muñeca en el agua caliente y lavó cuidadosamente la taza y el platillo. Pensó en la otra mirando una vez más la calle vacía, la acera chata, el agua que se menguaba en la cuneta, el ojo enlodado del registro empotrado en medio del asfalto (the girl is increasingly able to imagine Mami's thought process). La oyó decir en voz baja, *no vendrá hoy*, mientras pensaba que no había que preocuparse, que era un domingo como cualquier otro, *escuchando los insectos que le zumbaban dentro del oído* (with the underlined words the narrative moves momentarily onto Mami). *No vendrá hoy tampoco*, añadió en voz alta como para espantarlos. La muchacha pensó que *ahora estaba completamente sola* y se quedó un rato mirando por la ventana las plantas reviradas de aire (the underlined words here, about being totally alone, apply equally to both women suggesting an incipient process of symbiosis). La semana que viene vendrá no hay que angustiarse dijo, *pensando en que tenía que comprar una colcha nueva. Qué gasto son las casas. No bien cuelga uno cortinas nuevas que el forro de las butacas se ensucia y hay que cambiar la colcha.*' (the underlined words here are an indication of fears which are skilfully displaced onto the more acceptable and manageable worries with the household echoing the girl's attempts to conquer her fears by concentrating on the soap suds of the washing up liquid).

Ferré is here dramatising the dislocation existing between women's outward accepted preoccupations and their hidden inner selves which find no place in the social world in which they exist.

But the most innovative aspect of this story is that the suggestion of fusion by the momentary symbiosis achieved in the narrative is ironically subverted at the level of plot. There is no reassuring proclamation of exemplary female solidarity at the end, but instead, increased separation and hardened animosity.[15]

---

[15]Ferré elaborates on the theme of 'symbiosis' in her short story 'Cuando las mujeres quieren a los hombres', but in that story the two opposite icons of femininity merge into one.

Mercedes Benz 220 SL

> *en suma oh reidores no habéis sacado*
> *gran cosa de los hombres*
> *apenas habéis extraído un poco de grasa*
> *de su miseria*
> *pero nosotros que morimos de vivir lejos*
> *uno del otro*
> *tendemos nuestros brazas y sobre esos*
> *rieles se desliza un largo tren de carga*
>
> Guillaume Apollinaire

Está estupendo el Mercedes, Mami, no te parece, mira cómo coge las curvas pegado al asfalto de la carretera ronroneando poderoso el guía responde al impulso de la punta de mis dedos dentro de los guantes de piel de cerdo que me regalaste ayer para que estrenara el carro con ellos para que las manos no me resbalaran sobre los nudillos de la rueda que ahora giro a derecha izquierda con la más leve presión las pequeñas lanzas cruzadas sobre el bonete destellando cromo[1] debajo de la lluvia listas para salir disparadas a los ojos de los que nos ven pasar con envidia que santo carro la madre de los tomates la puta que los parió tremendo armatoste se gastan parece un tanque los tapalodos de alante[2] rodando rodillos de rinoceronte mi familia siempre ha tenido carros grandes, Mami, el primer Rolls Royce de San Juan largo como esperanza y pobre y negro como su pensamiento a esta chusma hay que enseñarles quién es el que manda pueblo de cafres éste, apiñados como monos les gusta sentir el sudor la peste unos de otros sólo así se sienten felices restregándose como chinches por eso les gusta tanto el bochinche qué divertido, Mami, nunca se me había ocurrido de ahí viene seguro ese imbécil se nos ha metido en medio cuidado Papi le

---

[1]A possible reference to the Mercedes logo.
[2]*front mudguards*.

vas a dar la figura del hombre caminando de espaldas al carro por la orilla del camino hundiendo con el índice el disco dorado de la bocina que reluce en el centre del guía de cuero beige elegante el guía éste cosido a mano el cuero de la rueda sexi la condená rueda me gusta tocarla apretando el disco de oro todo el tiempo igualito que la trompeta mayor en Das Rheingold[3] Mami pero el hombre no oye no se sale del camino hasta el último momento en que da un salto el tapalodos le pasa a una pulgada de la cabeza cae de bruces sobre la cuneta te cojo en la próxima mico cuando te descuelgues otra vez del árbol te asustaste, verdá, Mami, estás blanca como un papal es que pienso en la policía, Papi, es por tu bien, qué policía ni qué demonios parece mentira que no sepas todavía quién es tu marido este carro es del fuerte donde quiera que vayamos nos dará la razón por eso lo compré, Mami, por qué pendejos[4] te crees que trabajo como un burro de ocho a ocho no es para estar después girando huevos y echándome fresco en el culo en este país lo único que vale es la fuerza, Mami, no te olvides nunca deso.

Metió el acelerador haste el fondo disparando por la recta por lo menos a esta hora no hay tráfico suspiró la mujer recitando en silencio las últimas cuentas del rosario voy a recliner el asiento hacia atrás para ver si duermo un poco sexi los asientos estos verdad, Mami, pasándole la mano por encima a la lanita gris pelitos que se doblan contra la punta de los dedos pero no para probarlos contigo que ya estás vieja y las carnes te cuelgan pellejos empolvados emperifollada con tus zapatos de cocodrilo de 50 dólares y tu sortija emerald cut diamond de 9 kilates parece una pista de patinar en hielo dijiste cuando te la compré y me dieron ganas de reir, vieja, eso está bien de patinar en hielo sí grande y sólida como la cuenta de banco en Suiza lo que te gusta gastarme el dinero de las tiendas a la iglesia y de la iglesia a las tiendas pero no me quejo, vieja, eso está bien, toda una señora toda una dama y sin eso no se puede funcionar no se llega a ninguna parte sin lo que tú me das, vieja, eso no me lo dan las muchachitas cabronas que se verían tan bien reclinadas en este asiento de pelusa gris que se verán tan bien, digo, porque pronto pienso llevar a pasear a alguna

[3]Opera by Richard Wagner, the first in the cycle of the Ring of the Nibelung.
[4]*Why the Hell?*

buena polla y metérselo aquí mismo rico el roce de esta tela en el trasero debe ser.

Levantó la mano del guía y la acercó en la oscuridad a la frente de la mujer que dormitaba a su lado te quiero macho, Papi, le dije al sentir la caricia de su mano volviendo a empezar las jaculatorias a Mater Admirábilis eres como un niño con un juguete nuevo me alegra de veras verte tan loco con tu Mercedes Benz 220 SL la verdad que trabaja tanto, el pobre, se lo merece no hay derecho a matarse trabajando sin tener una recompensa sólo que a veces me hace sufrir con su falta de consideración como ahora no vayas tan ligero, Papi, la carretera está mojada el carro puede patinar sabiendo que no me hará caso nunca me hace caso igualito que si estuviera hablando sola acariciándome los brazos porque súbita-mente he sentido frío los árboles que salen disparados partiéndose hacia los lados el túnel que nos va tragando estrechonegroalante anchocayéndose atrás debemos ir casi a noventa por favor, Papi, Dios nos libre y la Virgen nos guarde los wipers no van lo bastante rápido para limpiar los goterones siempre ha sido así desde que nos casamos hace veinte años me compra todo lo que quiero es un hombre bueno de su casa pero siempre la misma sordera siempre a su lado y siempre sola hablando sola comiendo sola durmiendo sola mirándome en el espejo y abriendo la boca tocándome el paladar con el dedo para ver si sale algún sonido casa perro silla la forma de la boca mordiendo los objetos reconociendo la textura de madera o de pelo con el interior del labio comprobando la resistencia a la respiración casa perro silla pero no los objetos no salen se quedan allí atorados como si la apertura fuera demasiado pequeña o ellos demasiado grandes los filos encajados dolorosa-mente en las encías forzándolos para arriba desde el fondo de la garganta sin ningún resultado tocando ese hueco mudo que se me enterraba cada vez más dentro de la boca cuando me miraba en el espejo hasta que creí que me estaba volviendo loco. Entonces tuve a mi hijo y pude volver a hablar.

Volvió a reclinarse en el asiento y su perfil se recortó clara-mente en la oscuridad. Las luces del dashboard le iluminaban las facciones gruesas en tensión, la sonrisa infantil del hombre al volante. Cerró los ojos y cruzando los brazos sobre el pecho se acarició los hombros fríos con las manes. Y ahora de nuevo sola, después de tantas disputas iracundas con el padre se fue de la casa. Decía que los negocios le daban ganas de vomitar, que ya estaba harto de que lo amenazaran con desheredarlo, una mañana encontré la nota sobre la cama no me busquen todos los domingos los vendré a ver. Claro que lo buscamos pero él cambiaba todo el tiempo de dirección hasta que por fin Papi se cansó de pagar detectives privados lo que cuestan dios mío se enfureció con él definitivamente que se vaya al carajo, dijo, mira que yo dejando el pellejo del alma pegado al trabajo[5] para después tener que gastar miles de dólares en detectives rastreando a una primadona que no da un tajo cría cuervos y te sacarán los ojos[6] es lo que siempre he dicho y yo llorando que no podía contestarle porque en el fondo sabía que tenía toda la razón.

Hoy sábado por la noche y mira esa recta que viene ahí, Mami, toditita para nosotros pensar que de día está atestada de carros apiñados unos encima de otros como monos eso es lo que les gusta el olorcito a catre la pestecita a chango suavecito así suavecito con el acelerador hasta el suelo estos alemanes fabrican carros como si fueran tanques la carrocería de acero de media pulgada lo que se lleve por delante ni se entera ni una mella le hace al que le dé un bimbazo lo nokea al otro lado del mundo y sin pasaje de regreso es una cabronería este carro,[7] Mami, una condenada cabronería.

La muchacha cogió la taza y pasó el dedo índice sobre las rosas azules de la porcelana. Abrió la llave del agua caliente, exprimió la botella plástica y dejó caer tres gotas lentas que contempló deslizarse por el interior de la taza. El líquido viscoso, de un verde brutal, le recordó por un momento el miedo, pero en seguida dejó que el agua llenara la taza y observó aliviada cómo se deshacía inofensivo en espuma, derramándose por encima del borde . La enjuagó y la secó, sintiendo el chirrido de la losa limpia debajo de las yemas de los dedos, y la puso, tibia todavía, a escurrir sobre la

---

[5] *I'm working my hide off …*
[6] *Raise ravens and they'll pick your eyes out.* (Spanish saying.)
[7] *if it hits you, you get knocked off to the other side on a one-way ticket this car is a son-of-a-bitch.*

mesa. Se enjugó las manos enrojecidas con la falda; y se quedó mirando por la ventana el patio, las plantas cabeceando de un lado para otro debajo de la lluvia como si hubiese perdido todo sentido de dirección. Olió el vapor que subía de la tierra mojada y recordó los hoyos cavados con las manos para enterrar objetos que nadie quería, una peinilla que le faltaban dientes, un cisne plástico con una cinta alrededor del cuello 'Fernando y María, sean felices para siempre' que me había traído mi madre de recuerdo de una boda, un lipstic gastado, un dedal, siempre me había gustado enterrar en el patio objetos que nadie quería de manera que sólo yo supiera donde están. Cuando llueve fuerte como ahora lo recuerdo más claro, me veo escarbando la tierra con las uñas, aspirando el olor que se me desmorona grumoso entre los dedos.[8] Luego, cuando salía a pasear por el jardín y caminaba sobre los objetos ocultos que sólo yo adivinaba bajo la tierra, iba repitiéndome en voz baja, ahora estoy sobre la peinilla, ahora tengo el dedal debajo del talón derecho, ahora sobre las alas del cisne, ahora sobre la media tijera, como si el poder recorrer cada detalle de su contorno oculto con la parte de atrás de los ojos me hiciera diferente. Sabiendo que cuando dejara de llover saldría otra vez al patio como había hecho todos los días desde hacía dos semanas, dilatando con anticipación el olfato, preparándome para recuperar el recuerdo, mientras discutía conmigo misma el próximo juego que había de jugar.

Se alejó del fregadero y sintió el candor de la habitación sin muebles, la rapidez de las gavetas vacías, la ingenuidad de las perchas de alambre chocando codo con codo dentro del clóset. Observó el reposo de los muros desprovistos de objetos, cortados súbitamente exactos. Se dio cuenta entonces de que no lo podía pensar, de que no podía evocar su mirada, sus manos, su voz, si lo deslindaba de aquel espacio, de la disciplina refrescante de la única mesa y de la pequeña estufa de gas, de la alfombra desvaída que le servía de cama, del móvil de peces de bronce contraponiendo sonidos filosos a la blandura machaqueante del agua que seguía cayendo sobre la ventana.[9] Escuché el golpe de la puerta y supe que

[8] *breathing the smell of the clods of earth that crumble between my fingers.*
[9] *the tinkling sounds of the bronze fish mobile playing against the soft beat of the rain on the window panes.*

habías llegado corrí a encontrarme contigo y te abracé. Vamos hoy también te pregunto porque mira la lluvia como sigue mientras palpo tu espalda ensopada tu pelo adherido en mechones a mis dedos. Sí mi amor es parte de mi pacto con ellos todos los domingos ir a visitar a papá y mama, darles a entender que nada ha cambiado, que los quiero siempre igual. Siento una gran pena por ellos, rodeados de objetos costosos que acarician con los ojos noche tras noche para no fijarse en el contorno inmóvil de sus cuerpos debajo de las sábanas, tan similar al contorno futuro de su muerte.

Fíjate en la diferencia entre ellos y nosotros floreciendo ahora debajo de tus manos cultivando anémonas ocultasen los orificios de tu cuerpo cultivando corales en tu piel cada pétalo sedimentando lento supurando púrpura afelpada en los oídos no se oye nada ya la lluvia cayendo ahora tan lejos antes tan cerca taladrando el cerebro ahora el agua nos cubre no existe el fondo sólo la caída perpetua de nosotros los enterrados vivos persiguiéndonos a través de la mirada tan cerca y sin embargo tan lejos pero sin compasión sabiendo que eso que perseguímos es lo único que tenemos es lo único que importa. Esta mañana fueron encontrados dos cuerpos en las más extraordinarias circunstancias repite la radio a tus espaldas un hombre y una mujer miles de años después encontrados dentro de un gigantesco muro de hielo persiguiéndonos inmóviles inmortales a través del cristal tocando con el dedo la esfera perfectamente transparente de tu ojo la silueta de la pupila recortada sobre el blanco bola los encontramos caminando dentro del cristal seguía la voz él llevaba los ojos como una ofrenda en la palma de la mano cogí uno con el índice y el pulgar lo levanté a la luz para mirar a través de la pupila que se hundía inútilmente dentro de ti porque no puedo alcanzarte hundiéndote por tu propia pupila te me escapas pero no importa mi amor ya sé ya entiendo el cristal ha comenzado a derrumbarse desde arriba el polvo me ciega y ciega te persigo por la polvareda de vidrio que se te acumula sobre los hombros porque ya sé ya nada importa mi amor solo la búsqueda del recuerdo el tacto inmóvil el sonido sordo la pupila ciega todo detenido en el instante blanco.

Si vamos temprano tendremos el domingo para nosotros le digo. Deberías venir hoy conmigo mamá nunca te ha visto a lo mejor se encariña contigo a lo mejor papá nos perdona a los dos. No mi amor es mejor que no me conozcan no sé por qué pero cómo explicártelo dejémoslo para otro día yo te acompaño como siempre hasta la casa y luego me voy. Entonces mirando otra vez por la ventana, qué oscuro está todo, es la lluvia que prolonga la sensación de la noche, este domingo parece que nunca va amanecer, no hay nadie en las calles. Percibiendo más allá de la puerta la sensación de los cuerpos dormidos creciendo capilares por debajo de las sábanas, de los oídos pegados a las ventanas cerradas escuchando la raspadura seca que hace la luz cuando se va trepando por la pared.

La mujer había enderezado el asiento y trataba de adivinar las siluetas familiares de las casas por entre las gruesas gotas que arrugan continuamente el cristal de parabrisas. Unos minutos antes había dado un suspiro de alivio, sintiéndose ya próxima al final de aquella prueba. Había guardado el rosario en la cartera y aflojaba poco a poco el cuerpo, anticipando el momento en que aminorase la velocidad, el lento y cansado dejarse ir hacia adelante, la mano sobre la manija para abrir la puerta, el carro detenido por fin frente a la casa. Fue ella quien lo vio primero, el celaje cruzándoseles al frente, zigzagueando por las paredes de los edificios, saltándoles dentro de los ojos, separando con fragilidad bayusca la gruesa cortina de lluvia que lo sofocaba todo. Fue cosa de fragmentos de segundos. El impacto sordo del tapalodo conectando de golpe en la carne compacta como cuando se tapa el tubo de la aspiradora con la palma de la mano fop sólo que ahora no era la aspiradora ni los motores de un jet sino que algo fop completamente extraño se había quedado pegado al bonete del carro qué horror por favor detente te lo dije Papi íbamos demasiado rápido te rogué cien veces que fuéramos más despacio el carro patinando sin parar con aquella masa de sombra pegada al bonete qué hijo de la gran puta quién lo manda a tirársele en el camino el cuerpo esplayado muñeco de goma sobre el bonete de carro hay que bajarse a hacer alga Papi hay que bajarse por dios cállate la boca ante todo no perder la cabeza sentados uno al lado de otro sin poder moverse mirando la lluvia que seguía cayendo como si no hubiese sucedido nada derramándose por encima del bonete como si quisiera enjuagar la superficie platinada llevarse aquel objeto adherido grotescamente a los lujosos bordes de cromio a las curvas opulentas de los guardalodos.

Entonces una vez más en voz baja como una hilera interminable de jaculatorias ensartadas cada vez con más rabia espetándolas unas a otras como agujas apiñados unos encima de otros para sentir mejor la peste el hedor a chango la fetidez a mono ya no puede uno ni siquiera salir a pasear de noche sin que ahora esa cosa espacharrada ahí al frente encima de mi carro con los ojos pegados al cristal del parabrisas que se derrite continuamente por un solo lado mientras por el otro se queda quieto invitando a pasar los dedos por la superficie lisa del plate glass para comprobar que en efecto no había sucedido nada que el mundo seguía como siempre perfectamente ordenado de este lado pero sólo de este lado sentados en los asientos de pelusa gris con los brazos tumbados a los lados con los ojos pegados al palabrisas que seguía derritiéndose encerrados en aquella cámara lujosa con techo de fieltro sin saber qué decir sin saber qué hacer sin saber cómo poner la mano sobre la manija para abrir la puerta.

Vieron a la muchacha que se acercaba al carro debajo de la lluvia. Tenía el pelo emplegostado a la cara y el agua le escurría dos chorros gruesos por los brazos. Se acercó al bonete y se detuvo frente a los faroles encendidos que le derramaban por encima una luz ya inútil en la claridad de la madrugada. Mirando mientras sostenía la cabeza contra su pecho, aguantando la respiración mientras la veían apoyar contra sí todo el peso del cuerpo, deslizarlo poco a poco por la superficie platinada, empinándose hacia atrás en el esfuerzo, irlo bajando con infinita lentitud por el costado lustroso, hasta lograr dejarlo tendido sobre el pavimento.

Bajé la ventanilla y la lluvia entró salpicándome la cara llenándome la boca de agua y yo gritando dime qué pasa, Papi, qué vamos a hacer por favor dime qué pasa y Papi, que se acerca por el lado de la ventanilla ensopándose también cállate ya imbécil te va a oír todo el vecindario esa mujer parece tarada se lo ha apropiado y no deja ni que me le acerque gruñe y parece que va a morder cada vez que le dirijo la palabra meciéndose en el suelo todo el tiempo con la cabeza una pulpa violácea encharcándole la falda es mejor que nos vayamos dejarle un papal nombre y dirección comuníquese con nosotros si podemos hacer algo que se ocupe ella misma ya que está tan jodidamente interesada pero cómo vamos a irnos, Papi, cómo vamos a dejarlo ahí tirado debajo de la lluvia no me discutas más tú en seguida te pones histérica no vamos a meterlo en el carro para que nos manche los asientos con ese desagüe de sangre.

Arrancó y dio reversa con un chillido de gomas mojadas que se exprimen de golpe sobre el asfalto. La mujer acarició suavemente la pelusa gris mientras el carro se alejaba por la carretera, tan nueva y tan linda, absolutamente ajena a algo tan desagradable como un plegoste de sangre, acurrucada en el fondo del asiento como en el interior de un nido, temblorosa la carne agradecida por aquella protección, por la seguridad del todo de acero, del todo blindado alrededor, Dios nos libre y la Virgen nos guarde, sin dinero no puede uno vivir, tranquilizándose poco a poco a medida que se acercaban a la casa. Se pasó una mano por la frente, todo era como una pesadilla, quizás sólo había sucedido en su mente exhausta, ansiosa por acabar de llegar, por quitarse la faja y las medias, el reloj y las pulseras, meterse en la bañera con el agua caliente hasta el cuello, mirando sin pensar en nada la infinita paz blanca aplastada contra el plafón del techo.

Había llovido toda la tarde cuando la mujer escuchó el timbre de la puerta. Abrí e inmediatamente vi el papel grumoso en la mano entendida, las líneas de tinta corrida por el borde de las manchas. El papel desmoronándose en mi mano la tinta corriéndose por el borde las manchas abiertas como llagas dentro de las letras deformándolas apartándolas unas de otras favor de comunicarse con nosotros si podemos hacer algo. Entonces abrió la puerta y le enseñé el papel. Vi como se le demudó el rostro, sí señorita, espere un momento, en seguida vuelvo por favor, entornó la puerta y entró. Las manos súbitamente frías secándomelas en la falda tengo que encontrar a Papi lo llamo y no me contesta lo busco por toda la casa pero no está. Mi marido no está señorita, pero pase, en qué puedo servirle, venga pase por acá. Cruzo por fin la puerta de tu casa y dejo hundir el pie en la lana roja de la alfombra como si fuese un pequeño animal con vida propia veo la escalera que súbitamente desciendes hasta explotar la puerta del patio Mamá ha dejado de llover voy a salir a jugar veo que los cristales de la ventana de la sala son azules y rosas mientras tú sigues asomado a la ventana balanceándote sobre el pretil. No se quede ahí de pie, señorita, siéntese por favor. Mirando yo también ahora el patio donde juegas viéndote primero por el cristal rosa jugando junto al limonero rosa la fuente rosa el chorro de agua rosa que le sale por la boca a la gárgola rosa el cielo terriblemente rosa colgando ahí arriba encima de tu juego ensimismado acercándome a la ventana para verte major, no señora, gracias prefiero permanecer de pie, no voy a ester mucho rato. Mirándote ahora jugar a través del cristal azul pensando que era injusto el dolor que me producía aquel cambio viéndote todo teñido de azul en medio del patio jugando ahora otro juego en el que yo te acompaño las naranjas bamboleando pelotas azules al extremo de las ramas el chorro de agua azul rebotando duro contra nuestras manos las rosas azules trepando implacables por el muro del patio coagulándose sobre la cal blanca del muro sobre la porcelana blanca de la taza en la que bebías café sobre tu cara blanca volcada en mi falda botando aquel líquido oscuro por los pozos de los ojos viéndolo todo teñido de aquel líquido que ahora me brota de adentro sin poderlo detener, qué le pasa señorita, por qué está llorando, viéndote tirado en la carretera la lluvia cayéndote sin parar dentro de los ojos tu cabeza en mi falda esperando que tu mirada terminara de salir como si orinaras interminablemente por los ojos acumulándoseme tibia sobre la falda inclinada sobre ti persiguiéndote por el círculo todavía vivo todavía cortante cristal de la córnea entrándome por tu ojo todavía transparente como un anzuelo pequeñito que deja caer al fondo esforzándome por atraparte y sintiendo que te caes cada vez más abajo porque el fondo ha desaparecido persiguiéndote tan cerca y sin embargo tan lejos cada vez más lejos sintiendo que esta vez el cristal no se derrumba sino que se va cerrando solidificando como un vaso de agua en el cual ha caído súbitamente una gota de leche sintiendo que el cristal se vuelve cada vez más cálido se empaña con mi aliento inclinada ahora brutalmente sobre tus ojos que ya no me ven porque te has quedado del otro lado del cristal porque me has abandonado de este lado para siempre.

Es usted la señorita que estaba con el accidentado aquella noche horrible, le pregunto, y dejo caer la mano que me tiembla sobre el almohadón de pluma de ganso recostado contra el respaldar del sofá. Fue cierto entonces no ha sido una pesadilla cuénteme en seguida lo que pasó con ese pobre hombre he estado tan preocupada todos estos días ya pensaba que me lo había inventado todo que había sido una fantasía de mi imaginación. El remordimiento de no habernos bajado a ayudarlos de no haber compartido con ustedes el mal rato por eso mi marido le dejó ese papelito para que se comunicara con nosotros en seguida y no fuera a pensar que éramos unos vulgares capaces de un hitanrun. Claro tampoco pensamos que fuera algo grave mi marido se puso tan nervioso, el pobre, dudo que en aquellas circunstancias hubiese podido ayudarlos después hasta casi tuve que llevarlo al hospital en estado de shock. Un hombre tan bueno, figúrese, y yo que lo quiero tanto, tenía miedo de que me le fuera a dar allí mismo un ataque al corazón. Por favor señorita, dígame, ha habido gastos de medicamento cuentas de hospitalización puede estar segura que no habrá la menor objeción de nuestra parte lo que me extraña es que se haya usted tardado tanto en encontrarnos que no haya venido al otro día en busca de una mano amiga en la cual apoyarse tener la seguridad de que se hacía todo lo posible por él los mejores especialistas las últimas medicinas la clínica privada estamos a sus órdenes señorita, créame, los queremos ayudar.

No señora, no es eso lo que he venido a decirle. Entonces no le ocurrió nada serio, qué alivio señorita, bendito sea Dios. El muchacho está muerto, señora, eso es lo que venía a decirle. Hace dos semanas fue el entierro, yo misma me ocupé de todos los arreglos. Un féretro modesto, una tumba sencilla. En el cortejo iba yo sola, él no tenía más familia. Eso. Pensé que era mi deber decírselo. El muchacho está muerto y yo lo enterré. Adiós señora. Pero cómo se va a ir sin explicarme lo que pasó sin esperar a que llegue mi marido para que le explique a él también estoy segura que él querrá darle alga para ayudarla para por lo menos aliviarla en algunos de los gastos que ha tenido cómo se va a ir sin ni siquiera decirme el nombre señorita el nombre de ese pobre muchacho.

De pie frente a la ventana de la cocina la muchacha abrió la llave del agua caliente. Exprimió la botella plástica, dejó caer las tres gotas del líquido verde sobre la porcelana curva de la taza. Contempló cómo las roses azules, medio cubiertas por el residuo de café con leche frío, iban desapareciendo debajo de la espuma que subía reverberando hasta el borde. Estaba tranquila. Sabía que la otra no, sabía que la otra había esperado todo el día, que a eso de las cuatro había pensado que su hijo vendría, que se había asomado a la puerta de la calle y había observado con desaliento cómo el sol apretaba el cemento de las parades, haciéndolas brotar para afuera cada vez más sólidas y groseras. Volvió a meter las manos hasta la muñeca en el agua caliente y lavó cuidadosamente la taza y el platillo. Pensó en la otra mirando una vez más la calle vacía, la acera chata, el agua que se menguaba en la cuneta, el ojo enlodado del registro empotrado en media del asfalto. La oyó decir en voz baja, no vendrá hoy, mientras pensaba que no había que preocuparse, que era un domingo como cualquier otro, escuchando los insectos que le zumbaban dentro del oído. No vendrá hay tampoco, añadió en voz alta como para espantarlos. La muchacha pensó que ahora estaba completamente sola y se quedó un rato mirando por la ventana las plantas reviradas de aire. La otra se alejó de la puerta y fue a sentarse al borde de la cama. La semana que viene vendrá no hay que angustiarse dijo, pensando en que tenía que comprar una colcha nueva. Qué gasto son las casas. No bien cuelga uno cortinas nuevas que el forro de las butacas se ensucia y hay que cambiar la colcha. Sin embargo feliz cuando pienso que hice la decisión correcta de no dejar a Papi las veces que lo he pensado cuando por tonterías como la de estar disparando por una carretera a las tantas de la noche me parecía que me maltrataba que no me quería, es sencillamente su manera de ser. Feliz de leer su nombre en los periódicos tantos éxitos económicos un verdadero macho tu hombre todas mis amigas me lo envidian y este año si Dios quiere nos daremos nuestro viaje a Europa. Las tiendas de Madrid donde todo tan barato un abrigo de ante por cuarenta dólares unos candelabros por sesenta qué ganga feliz cuando pienso que él me tiene a mí y yo lo tengo a él y que llegaremos a viejos juntas. Los jóvenes que hagan su vida como les parezca ya tendrán que aprender lo dura que es la vida no es miel sobre hojuelas[10] no pobre el que se crea que la vida es un lecho de rosas.

La muchacha se quedó frente a la ventana de la cocina todavía un buen rato. Sin darse cuenta comenzó a cambiar el peso del cuerpo de un pie a otro pie, colocando de una vez toda la planta en el suelo, como si pisase con infinita ternura el rostro de alguien amado. Se dio cuenta, al ver las nubes que se escapaban por una esquina del vidrio, de que pronto dejaría de llover. Abrió la puerta y salió al patio. Se sentó en el suelo y hundió las manos en la tierra mojada. Entonces se preparó para recuperar una vez más el recuerdo, discutiendo consigo misma el próximo juego que había de jugar.

Está estupenda la noche para ir a pasear, verdad, Mami, una noche regia para sacar a pasear el Mercedes hoy le mandé a encerar los flancos grises y le pusieron los tapabocinas mas caros cuatro chapas de cromo sólido empotradas en banda blanca ahora se ve todavía más chic hace como que todo reluzca y la carretera esperándonos ahí afuera para nosotros nada más, Mami, en este país no se puede salir a pasear más que de noche sólo entonces se puede sacar la cabeza fuera y respirar ahora podemos planear nuestro viaje a Europa dime adónde te gustaría ir.

Primero tengo que contarte algo, Papi, esta mañana me pasó la cosa más extraña se presentó en casa una muchacha con el papel que tú garabateaste la noche aquella cuando el hombre se nos tiró debajo de las ruedas del carro era definitivamente el mismo papel te conocí en seguida tu letra no te puedes imaginar el mal rato que pasé aunque todavía me parece que todo es una mala pasada que el muchacho debe de estar vivito y coleando por alguna parte. No ha derramado ni una lágrima escasamente si pronunció una docena de palabras parada en medio de la sala con los puños cerrados mirándome a la cara sin el menor asomo de cortesía casi como si quisiera asustarme o está loca o es un intento de extorsión pensé en seguida. Figúrate que se me planta en medio de la sala y yo muriéndome rogándole a todos los santos para que tú regresaras para que te le encararas y se diera cuenta de que no podía meterse con nosotros de que con nosotros el chantaje no funciona porque

[10]*life is not all milk and honey.*

conocemos a medio mundo de abogados y de bancos pero yo de todas maneras tratando de ser lo más civil posible preguntándole por el maldito tipo y diciéndole lo preocupados que habíamos estado ofreciéndole todo el dinero que necesitaran para médicos y medicinas deshaciéndome te juro que deshaciéndome de solicitud maternal y la tipa que me corta la palabra en seco y se me queda mirando así como mandándome a la mierda y me dice el muchacho está muerto yo lo hice enterrar diciéndolo así nada más como quien deja caer cuatro lajas de río en medio de la sala el muchacho está muerto yo lo hice enterrar como si aquello fuera lo más natural sólo vine para que lo supiera mirándome y yo con la boca abierta como si me hubieran puesto un tapón como si me estuvieran sacando el corazón con un sacacorchos de esos de tirabuzón sintiendo que algo se me enterraba enroscandoseme para adentro por el lado izquierdo y que luego tiraban hablaban para afuera fuerte me tuve que sentar en el sofá porque creí que me iba a desmayar mirándonos las dos sin decir una sola palabra por no sé cuánto tiempo y yo con aquel dolor terrible dentro del pecho.

Hasta que por fin reaccioné. Me enderecé en el sofá y me dije a mí misma imbécil dejándote impresionar por lo que te cuentan de un extraño si uno se va a echar encima todas las tragedias de la humanidad acaba arruinado el que da lo que tiene a pedir se atiene y cada cual que cargue con su cruz.[11] Entonces ahí mismo me doy cuenta de lo que la tipa me estaba diciendo. Que nosotros habíamos atropellado al tipo que nosotros lo habíamos matado. Y yo que salto para arriba como un guabá cómo se atreve ser insolente porque eso sí mi amor tú me conoces cuando te atacan me pongo como una fiera nosotros no tuvimos la culpa porque ya veía viniéndosete encima la acusación de asesinato en primer grado la demanda por un millón de dólares. Dios mío, este mundo está lleno de canallas. Ese hombre se tiró debajo de las ruedas del carro yo estaba allí y es bueno que usted lo sepa porque estoy dispuesta a dar testimonio en cualquier corte dispuesta a decírselo al mismo Jesucristo. Poniendo desde ya los puntos sobre las íes cuando la tipa se me da media vuelta y vuelve a dejarme con la palabra en la

---

[11] *if you give away all you have you end up a beggar let each carry his own cross.*

boca y yo con la boca abierta que me quedo mirándola desde el sofá sin poder entender todavía de dónde venía aquella cosa que seguía retorciéndoseme dentro del pecho y la tipa que camina tranquilamente hasta la puerta la abre y se va.

No te angusties más por eso, Mami, mira que no habérmelo contado antes yo hubiera hecho las investigaciones para agarrar a esos bandidos la verdad que la gente en este país no tiene madre si vuelven a aparecer por casa no vayas a abrir la puerta si yo no estoy les dices terminantemente que no puedes atenderlos que vengan a verme a mi oficina ya sabré yo cómo lidiar con ellos. Pero mira cómo va el Mercedes, Mami, mira que bonito va por la recta como la seda, va como la seda los tapalodos de alante rodando rodillos de rinoceronte la carrocería de acero de media pulgada y lo que se lleve por delante ni se entera ni una mella le hace nokeado al otro lado del mundo y sin pasaje de regreso es una condenada cabronería este carro, Mami, es una condenada cabronería.

Silvina Ocampo (Argentina,1903–1993)

Silvina Ocampo is one of Argentina's most exciting and disturbing writers, whose work, consisting mainly of short stories and poetry, has not yet received the serious critical attention it merits. She was born into the wealthy Ocampo family, made famous by her older sister Victoria, an early feminist, writer and cultural maecenas. With the aid of the Ocampo fortune, Victoria founded the literary magazine *Sur*, influential to the extent of helping to determine the direction of culture in Argentina and even throughout the Spanish-American continent. The cosmopolitan thrust of *Sur* meant that Silvina became acquainted at an early age with the works of most of the leading figures of western culture, many of whom she met personally. In 1940 she married the novelist Adolfo Bioy Casares, friend and collaborator of Borges. Borges, Ocampo and Bioy worked together as editors of an anthology of 'Fantastic' literature. Their *Antología de la literatura fantástica* (1940) made accessible to a Spanish readership an unusual and wide-ranging variety of texts and was influential in changing the flow of Argentine literature away from realism, establishing the fantastic as a genre at which it came to excel.

Ocampo was attracted to the fantastic, not as a means of escaping from reality but, on the contrary, of dramatising the conflicting coexistence of our physical and external lives, and the mental processes of our internal world. Fantasy for Ocampo is an integral and constitutive element of reality. Unlike the more abstract intellectual fictions of Borges and Bioy, Ocampo's stories are concerned with our immediate surroundings, centred in the everyday existence of middle-class life. This is a background more usually found in realist aesthetics, where it is couched in the safety of a predictable moral or causal order, both of which are disconcertingly absent from Ocampo's narrative. The familiar, as depicted by Ocampo, is always eccentric. It is the scene of inexplicable contradictions and playful inversions, throwing into question our basic values and beliefs. Situated in the immediacy of the home, her stories show the terrors and cruelties that lie beneath the façade of normal family life. In this she is pre-eminent, as stated in the words of Italo Calvino: 'I don't know of another writer who better captures the magic inside everyday rituals, the forbidden or hidden face that our mirrors don't show us.'

Her stories are not presented as symbolic of general truths but are *sui generis*, one-off occurrences which should perhaps be understood at a literal rather than a figurative level. As observed by Enrique Pezzoni, Ocampo's most perceptive critic, 'los cuentos de Silvina Ocampo se resisten con admirable agilidad y revelan al máximo su virtud de asumirse a sí mismos como única fuente posible de sentido: se niegan a ser leídos como testimonio de la realidad o como lo opuesto, como vías de escape hacia la proyección metafísica'.[1]

It is clear that the starker side of childhood, as first suggested by Freudian theories and subsequently developed by Melanie Klein, forms the basis of some of Ocampo's cruellest tales.[2] But the distinguishing feature of her narrative lies not in the discovery of this trait, but with an entirely non-judgemental, grotesque fascination with it: many of her stories are narrated by a young child, often a girl, whose innocent language and unencumbered naïvety contrast starkly with the horrendous events that are being told. Her stories illustrate the tensions between the complex amoral reality of childhood and its moral mythification in language.

Moral and religious codes function mainly in terms of their strategic role as providers of a language or discourse, but the values implicit in this discourse are not borne out by the events described. Ocampo's work may be considered as radically subversive in its demythification of many of the most cherished assumptions of the language and the milieu in which it is set, but it is possible that this anarchic presentation of reality betrays a deep longing and nostalgia for a lost paradise which offered order, authority and security. This is not to imply that Ocampo is ultimately a reactionary writer, but to suggest that she was only too aware of the cost in terms of despair that defiance of authority is likely to exact.

Many of the characteristic features listed above are found in 'Soñadora compulsiva' (p. 109), a story from her last collection *Cornelia frente al espejo* (1988). The dreamer of the title is Luz, an eleven-year-old girl who shares with other Ocampo protagonists the gift of clairvoyance. In the earlier stories clairvoyance is taken as fact, though not as unmitigated blessing. For example, in 'Los sueños de Leopoldina' the elderly seer can conjure up the objects of her dreams but is exploited and abused because of the poverty of her dreams; in 'Autobiografía de Irene' the eponymous girl-narrator foresees her father's death and when it occurs she feels responsible for it. In 'Soñadora compulsiva' the notion of clairvoyance is, if not overtly contested, at least subjected to cynical scrutiny.

It is only while attempting to summarise 'Soñadora compulsiva' that

[1]Enrique Pezzoni, *La furia y otros cuentos*, Madrid: Alianza, 1982.
[2]Melanie Klein's (188-1960) recognition of children's partial feelings of destructive and sadistic hatred towards their mother was intrumental in bringing about a revisionist, less idealised constuction of femininity.

one realises the measure of strangeness of the story, for it is written with such conviction, that upon a first reading it strikes a totally natural note. The mind of the child protagonist presents itself as not only believable but sensible, and imposes values as irrefutable as those found in the logical discourse of rationalism. Its 'plot' defies all the laws of sequential or causal logic: it consists of the reminiscences of Luz, the above-mentioned girl, who combats the pressures of home and school life by seeking refuge, and indeed justification, for her dissidence in the world of her dreams. She believes she has the gift of clairvoyance, but it is clear to the reader that she is manipulating her insights to justify to herself her (subconscious) desires. By explaining them as being the result of a premonition, she presents them as unchallengeable, giving them credence and authority. The title is the first indication of the strangeness of the story, as compulsion is more usually associated in negative terms with lying, eating or drinking rather than with the excesses of dreaming.

The opening sentence, presented with perfect syntax as a logical proposition (note the use of 'por eso') is, upon reflection, a misleading *non-sequitur*. It sets the tone of the story, one of seeming acquiescence and subtle subversion:

Había un millón de miradas en mis ojos, por eso pensé que un milagro me había hecho nacer en un lugar de rocas y de mar sin límites. (p. 109)

The young narrator, eschewing ordinariness, claims her birth as a magical event, reminiscent of that of mythical goddesses such as Aphrodite, who sprang from the sea. But what are the 'millón de miradas' in her eyes? Looked at from a feminist perspective these words may be understood as saying that her eyes passively reflect the manifold (male) gaze (in accordance with Freud's notion of specularity[3]), but it may also be that her eyes were the active source of her own penetrative *miradas*. The ambivalence of the sentence allows for the understanding of women's conventional passive role of reflective 'other' to be to be upturned, so that women become the subject and not object of the gaze.[4] Such a radical feminist interpretation, whilst not excluding others, accords with Ocampo's overall concern with 'writing differently' about what has been marginalised, silenced and repressed.

[3]*See* fn. 10 p. 80.
[4]In 'The uncanny' Freud has theorised the *gaze* as a phallic activity linked to the sadistic pleasure of possessing a passive object. Irigaray's critique of this theory is succintly discussed by Toril Moi, 'Theoretical reflections' in *Sexual/Textual Politics*, London, New York: Methuen, 1985, pp. 132-5. For a feminist discussion of sexuality and visual representation, see the work of Laura Mulvey on film and Griselda Pollock on painting.

Unable to cope with the ordered demands of the world around her, the child resolves, with the aid of a pack of cards, to resort to the alternative world of magic in search of truth. This, as will be shown, is not a world already in existence, but one which she deliberately creates into being. She sets herself up as a clairvoyant, and, like the mythical Fates, begins to weave the destinies of those who consult her: to extend the metaphor, she uses their self-revelations as the woof, and her own imagination as the warp, of her cloth. She is encouraged in her task by someone who appears to be an old, cunning family retainer 'que sabía tejer y destejer'. This is an obvious allusion to Penelope, wife of Odysseus, who every night unravelled what she had woven during the day as a delaying tactic. Ocampo is here drawing on a mythical tradition of women as forgers of destinies from their subaltern position in the 'margins', and what is of particular interest is the way she alludes to such mythical underpinnings whilst maintaining at all times the innocent language of a child.

This highly enigmatic introduction, offered by way of 'explanation', frames the story proper, which follows the means the child employs to negotiate the difficulties of her home and school life. It is clear that there is a rift between the girl and her mother, who disapproves of her daughter's dabbling with the obscure. Her first dream is about a kindly woman who accepts and values her supernatural gifts. An obviously self-willed mother-substitute, the woman contrasts markedly with her real mother, who has nothing but recriminations for her inability to behave according to traditional expectations. By using her imagined interlocutor, the girl voices her fear that her mother disapproves of her fantasies because they might give her an insight to the hidden, shameful world of the grown-ups, perhaps even of her own.

As is so often the case in Ocampo's stories, the narrative jumps from one situation to another, and from one level of complexity to another. Thus, with artless simplicity, the girl goes on to remark that her dreams do not always help her out for they prove useless in solving her history and maths problems at school. The dead-pan narrative voice of the child shows no hint of irony in saying this, but the discerning reader has gathered that Ocampo is setting up an unreliable narrator whose words cannot be taken at face value. In this double-layered narrative what is said is not the same as what is being said. Irony turns in on itself when the child, Luz, believing that the French words on her tarot cards actually say what is going to happen, simply pretends to read them and correctly guesses her clients' destinies, gaining great prestige among her audience.

Dreams are used not only as a refuge from the crushing effect of family life but also offer a means of escape from sexual awakening. Luz meets an older boy in her dreams and tries to guess his name: out of all the possibilities, she arrives at the only one she knows will fit, Narcissus. But in her dream the name is discarded, presumably as being too general, because of its application to all men and their self-love. A more specific one is sought. Luz guesses, correctly, of course: Armindo.

Dream and reality are juxtaposed, their difference remaining unmarked by the narrative. In the following extract, the last sentence contradicts the previous one without explanation or comment:

> Antes de verlo personalmente lo vi en un sueño. Era rubio, era alto; pero no era eso lo que me gustaba: era el color de sus ojos azules verdes violetas. Nunca sabré de qué color eran sus ojos. (p. 112)

Luz and her mother find some accommodation when Luz dreams up, and then adopts, a dog, Clavel. She and her mother are temporarily united by the presence of Clavel. They begin to work together, inventing antiques (they make and sell 'old' furniture), and Luz, now accepted as a clairvoyant, invents the fortune telling cards that will help her in her work.

Armindo arrives and turns out to be as repressive and oppressive a figure as her mother. Luz dreams that Armindo wants to rape or kill her, but is able to conjure up a defence by setting Clavel upon him. This incident forms a turning point in the story. For the dreams, that had so far been Luz's refuge, take on a more threatening, dominant role, and join the ranks of school, family, boy-friend in attempting to impose their will upon the eleven year-old. There is much irony in the way the ever-resilient Luz confronts her dreams and in open rebellion decides no longer to obey them, willing herself to act against them. Thus, instead of believing that Armindo wishes to abuse her, she switches her fantasy and takes pleasure in dreaming that he is hopelessly in love with her. This easy manipulation of dreams, showing them at times as the plaything of the conscious, rather than the 'royal road' to the unconscious, may be a sign that Ocampo is poking fun at the widespread acceptance of the *revelatory* quality of dreams.[5] In other words, Ocampo is suggesting the effect of will power, showing conscious desire to be stronger, and more relevant, than repressed desire in the composition of dreams.

Luz's next dream, described as a nightmare, is one in which she ascends a steep ladder and falls down many flights of stairs. This confirms her in her rebellion against what has become a tyranny of dreams. She defies their warning and goes up repeatedly to the attic 'sintiendo el alivio de desobedecer a mi sueño'. However, dreams continue to come to her

[5]I am not suggesting that Ocampo is engaging with the complexities of Freudian theory, but with the excesses of psychodynamic therapy amongst the Argentine middle-classses. By this I mean some forms of therapy that seek to arrive at repressed past experiences via the analysis of dreams.

and to foretell her future. Her new dreams are no longer inspired by those around her but by the cinema and TV. This enriches her dream-experience and helps her to win a prize in a writing competition that will allow her to leave home. It is an ice-skating holiday in Bariloche, a far-off resort in the cold south of Argentina, and she sets off full of enthusiasm for what lies ahead. Her dream once more tries to impose its own, different scenario, and persists in taking her to the heat of Rio de Janeiro. But she manages to ward it off and find her way to the train that will take her on her journey south. In her excitement, she forgets to say goodbye to her mother. Any regret about this soon gives way to an added sense of liberation: 'Me olvidé de mi casa, del jardín, de todas las flores: iba a conocer otro mundo, mucho más divertido, otras caras.'

The child's self-assured triumph has been not only over the hostility she felt towards what was surrounding her, such as her school, her mother and Armindo, but also and more interestingly, against her own inner world as expressed in her dreams. 'Soñadora compulsiva' shares in some of the qualities of the *Bildungsroman*, in presenting a person's formative years and awakening. But instead of re-entering society 'on a higher and more informed plane of living', it shows the enlightened heroine triumphantly turning her back upon her past.

The story ends as puzzlingly as it began with what seems to be a reversal of the Narcissus myth, suggesting that self-love can only be found by looking outwards and not at oneself. It is tempting to try to link this with the 'millón de miradas' at the beginning of the story, but this may be trying to impose an order and structure of circularity upon a story celebrating discordance.

I should like to end this analysis of 'Soñadora compulsiva' with a close examination of the relationship between Luz and her mother. Since the late 1970s, feminism, in protest against the father-oriented focus of Freudian theory, has devoted much attention to the mother-daughter relationship. The principal aim of this concern was to foreground a maternal genealogy and re-valorise the role of women in our culture outside of the traditional norms. As is known, in Freud's original formulation of the Oedipus Complex the role of the mother is largely suppressed, and the daughter turns away from the mother in order to compete for the love of the father. According to Irigaray, there is no positive model in western thought for a mother-daughter relationship because patriarchy has traditionally sought to separate women from each other. The only two possible images offered by the Oedipal triad are either the 'castrated mother', a pathetic figure with whom the daughter would not wish to identify, or the 'phallic mother', an engulfing and authoritarian figure from whose embrace the daughter must struggle to wrench her freedom.[6] Looked at from this point of view it is clear that 'Soñadora compulsiva', with its complete absence of a father and its concentration on the changing feelings of rivalry and animosity between Luz and her mother, offers a most original illustration of the second model mentioned by Irigaray. The phallic mother, as pointed out by Irigaray is a paralysing and life-denying figure of authority against which the daughter must struggle to achieve her autonomy. It is pertinent that Luz feels asphyxiated in their house: although only Luz and her mother appear to live there she locks herself in her room, complaining, 'hay tanta gente en esta casa'.

Luz suffers under the suffocating presence of her mother both in her wakeful life and in her dreams, and rebels against the mother's moral code and her constant talk of sinfulness and penitence. This is what makes her resort to fortune-telling, for this is an area where she can decide which laws will operate and how.

The perceived similarity between Armindo and Luz's mother rests upon the haughty manner in which they seek to impose their authority. Their relationship pivots around the shared use of the word 'insolencias'. Talking about her mother's lack of understanding Luz adopts her mother's language and says of her: 'me contestó con la misma *insolencia* de siempre' (my emphasis). The term is repeated by Armindo who is cross with Luz for not being where he is waiting for her and imperiously asks: '¿Crees que por ser una niña cualquiera puedes permitirte *insolencias* como las que te permites?' (my emphasis). The use and repetition of 'insolencias', a term which indicates a position of superiority on the part of the speaker, underlines the similarities in the child's mind between an oppressive mother and boyfriend. The explicit sexual aggressivity attributed to Armindo remains significantly undeveloped and he disappears from the story. But his association with the girl's mother insinuates the often unperceived sexual/incestuous undercurrents of the Oedipus Complex.

It is clear that the story alludes to many ideas which invite a psychoanalytical interpretation, such as the value of dreams in unlocking the unconscious, the Oedipal need to surpass the mother-child dyad and negotiate the world of the Symbolic Order, the questioning of Narcissism. Feminism's construction of femininity other than as self-sacrificing and caring, revealing powerful aggressive and destructive drives, is often found in Ocampo's stories and is borne out in 'Soñadora compulsiva'. Yet

[6]'Mothers-daughters' in *Feminism and Psychoanalysis*, ed. E. Wright, Oxford and Cambridge, Massachusetts: Blackwell, 1992. A different account of this relationship as more fluid and less oppositional is given by Nancy Chodorow in *The Reproduction of Mothering*, Berkeley: University of California Press, 1978.

such interpretations, invoking the comforts of 'psychoanalytic theory', serve only to open up certain possibilities of meaning, of which there are many, but can never be offered as more than a tentative and partial reading of a story that will always be in excess of any attempted 'explanation'.

Soñadora compulsiva

Había un millón de miradas en mis ojos, por eso pensé que un milagro me había hecho nacer en un lugar de rocas y de mar sin límites. Pensé muchas cosas que no me acercaban a la verdad y ya cansada dejé de mirar y resolví entregarme a la magia sin temor y sin remordimientos. Había un mazo de cartas en nuestra casa; lo tomé y lo oculté bajo mi abrigo. Nunca nadie me vio jugar con naipes, ni me enseñó ningún juego... Trabajaba en casa una mujer que sabía tejer y destejer y que afirmaba que el tejido se parecía intimamente a la magia, y que cualquier tejido podía llevarme a la adivinación del porvenir, sin dificultad. Acepté la idea y así empezó mi carrera de adivina. Todas las cosas que aquí relato, o casi todas, las soñé antes de vivirlas.

Guardo el mazo de cartas debajo de la alfombra del cuarto. Si mi madre lo encuentra, me pone en penitencia. Yo no hago ningún mal en adivinar las cosas. Los otros días, al salir para la escuela, se me acercó una señora muy bonita con la que soñé y, acariciándome el pelo, me dijo:

—Me han dicho que sos[1] adivina, ¿es verdad?

—Es verdad, pero mamá no me deja serlo. Dice que el mundo es muy inmoral y que no tengo por qué enterarme de lo que hacen las personas mayores. ¿Por qué voy a enterarme? Si yo adivino, adivino, y nadie me cuenta nada. En mis sueños descubro todo y los sueños no son pecado.

---

[1]An example of *voseo*, the familiar form of address in Argentina and some other parts of Latin America. In everyday speech, the second person subject pronoun *tú* and its corresponding verbal form as used in peninsular Spanish are replaced by the subject pronoun *vos* (related to *vosotros*) and a corrupted form of the second person plural conjugated verb, contracting the diphthong to the stressed strong vowel, eg. *vos sos* (instead of either *tú eres* or *vosotros sois*), *vos mirás* (instead of *tú miras* or *vosotros miráis*), *vos querés* (instead of *tú quieres* or *vosotros queréis*). The only plural form of direct address used is *ustedes*. Imperatives are similarly affected: the second person singular is changed to the plural from, but dropping the final consonant. Hence, mira = mirá (mirad); ten = tené (tened); pide = pedí (pedid).

La señora me miró sonriente.

—Esas son cosas de personas mayores —dijo—. Si vos no fueras la hija de tu mamá, esa señora no te hubiera dicho esas cosas. A lo mejor tiene miedo de que adivines los secretos de su casa o de sus amigos. A mí me parece muy natural. Yo estoy de acuerdo con vos y me parece que vas a ser una persona muy importante, porque van a venir a consultarte de todas partes del mundo. Ahora ¿vas al colegio?

—Sí. Tengo que apurarme. Son las ocho. —Miré el reloj de pulsera y vi que eran las ocho menos cinco—. Tengo que correr.

La señora se agachó y me dijo:

—Me llamo Lila. ¿No te olvidarás de mí, verdad? ¿Te gustan las flores? Entonces te acordarás de mí cuando pienses en las lilas. ¿Y vos cómo te llamás?

—Me llamo Luz. Y como usted siempre estará viendo la luz, se acordará de mí, ¿no es cierto?

La señora me dio un beso y yo salí corriendo. Cuando llegué al colegio, pensé que era tarde. Me disculpé con una mentira. Dije que me había caído y para que pareciera real me até un pañuelo alrededor de la rodilla, como en mis sueños. En cuestiones de historia y de geografia, mi don de adivinación no funcionaba. En matemáticas, tampoco. Yo necesitaba algo humano, apasionado y lleno de complicaciones. Estudiar no me gustaba. Cuando volví a casa, mi madre me esperaba en la puerta. Me pidió que le mostrara los cuadernos.

—Qué desprolija —me dijo—. Nadie dirá que este cuaderno es de una chica de once años. No comprendo por qué no sigues nuestra costumbre de mantener todo en orden.

Yo la oía hablar pensando en otra cosa. Pensaba en la señora que me había tratado tan bien en la calle y que me admiraba por mi sabiduría. Mi madre frunció el ceño y me dijo:

—Si seguís así, voy a tener que ponerte en penitencia. Crees que sos una persona muy importante, a tu edad. ¿No sabés que el orgullo es el peor de los pecados?

Le contesté:

_¿Por qué va a ser el peor? La concupiscencia es peor, el coito.

—No hables de cosas que no sabés.

110

Durante esta conversación, distraídamente, pues soy muy distraída, levanté con la punta del pie la alfombrita de mi cuarto, donde estaban escondidas las barajas. Mi madre miró con espanto.

—¿Por qué tenés encondidas esas barajas? Son las barajas de tirar a la suerte. Las usan las adivinas. Por algo las has escondido. Vos no das puntada sin nudo.[2]

Me arrodillé para juntar las barajas por donde se asomaba la reina de corazones, igualito que en mis sueños. Mi madre me dijo:

—Dame las barajas inmediatamente.

—No te las puedo dar porque me las prestó una chica del colegio.

—Dámelas inmediatamente.

—¿Quieres que me porte mal con ella? Le prometí devolvérselas y no dárselas a nadie.

—No me interesan tus promesas. ¿Cómo se llama la chica?

—Rufina Gómez.

—No me dijiste que esa chica era amiga tuya.

—¿Acaso voy a pedir permiso para tener una amiga?

—Permiso no, pero ocultarlo tampoco.

—Sépaselo que yo no oculto nada. Si usted no adivina, no es mi culpa. Más buena eras en mi sueño.

¿Dónde aprendiste a hablar con tanto orgullo?

—En esta casa. Usted es la única orgullosa.

—Este diálogo ridículo tiene que terminar. Dame las barajas.

Le di las barajas. Son unas barajas muy bonitas. Rufina Gómez casi nunca juega con ellas, ni siquiera aprendió a tirar las cartas.[3] Además, es facilísimo, porque cada carta lleva escrito en francés lo que le va a pasar a la persona que le toca la carta. Uno no sabe nada, en realidad; simplemente baraja varias veces, coloca una por una sobre la mesa y, después de contarlas una por una, va saliendo la carta que pertenece al consultante. Es divertidísimo. Pero ya no podía tener esas cartas y me arreglaría lo mismo con cualquier tipo de cartas. En el fondo, la adivinación es una cosa muy fácil: las personas que te consultan te dicen simplemente lo que les va a

---

[2]*You never do anything unless there's a good reason for it* (*lit.*: you never leave a stitch unknotted).

[3]*she never even learnt to read someone's fortune.*

pasar, el carácter que tienen, la edad, las enfermedades, los peligros que les amenazan, todo, todo lo sabe el consultante y te lo dice preguntándote: '¿Usted cree que voy a ser desdichada?' o '¿Usted cree que voy a ser muy feliz?' o '¿Usted cree que me voy a enamorar?' o '¿Usted cree que me van a ser infiel?' Todo está ya adivinado. Uno no tiene que hacer ningún esfuerzo.

Aquella noche me acosté perturbada. No por remordimiento, lo confieso. Pensé que mi madre estaba tan alejada de mí que ni siquiera sabía que me había ofendido. Tengo once años. ¿Cómo es posible que se me hable en esta forma? En esta época en que vivimos,[4] a los niños se los respeta como a los grandes. ¿Con qué derecho me hablaba de esa manera? Si le digo a mi madre que mi carrera es la adivinación, creo que me insulta. Trataré de decírselo en mi sueño. No sé el tiempo que tardaré en ser una persona respetable, pero creo que esperaré con paciencia. Buscaré un lugar retirado para instalar mi consultorio, y todo el mundo vendrá a pedirme consejos y yo usaré las barajas comunes, para que no digan que lo hago por diversión. Apago la luz. Quiero dormir y no puedo.

No pienso en otra cosa que en el tipo que me habló el otro día en la calle. Antes de verlo personalmente lo vi en un sueño. Era rubio, era alto; pero no era eso lo que me gustaba: era el color de sus ojos azules verdes violetas. Nunca sabré de qué color eran sus ojos. Tal vez si lo supiera no me gusearían tanto; pero también su voz era única, esa inflexión extraña cuando decía: 'Qué tal, cómo te va' o 'Querés que te lleve al cine; no, porque sos muy chica. Seguramente no te dejan'. 'Y vos ¿cuántos años tenés?', le pregunté. Contestó: '¿Yo? Diecisiete. ¿Qué te parece?'. 'A mí, nada. ¿Qué querés que te conteste?'

Después de esta conversación no nos vimos. Tendría que averiguar su nombre. Voy a consultar las cartas. Mezclé las barajas y las extendí sobre la mesa. Mamá había salido. Cerré los ojos: es la manera más segura de adivinar. Cerré los ojos y abrí las manos. ¿Cómo se llamará? Pensé, pero ningún nombre venía a mi mente. Traté de soñar. Si esta vez adivino, soy una adivina. Pensé en todos

[4]*Nowadays*

112

los nombres que existen hasta que llegué a uno solo: Narciso. No es porque me gusta. Ninguno podría contentarme salvo éste. No comprendo por qué. Busqué a mi alrededor todos los nombres hasta encontrar el que buscaba. Finalmente me dejé caer en un sillón y pensé que se llamaba Armindo. ¿Por qué Armindo? Me di cuenta, no tenía que dudar de mi intuición. Al día siguiente al salir del colegio lo vi venir hacia mí. Me dijo:

—Cuánto tiempo que no te veo. ¿Sabés que te extraño?

—Armindo, yo no te extraño —le contesté.

—¿Cómo sabés que me llamo Armindo?

—Un sueño me lo dijo. Armindo es un nombre común. Cualquiera se llama Armindo.

—Yo no soy cualquiera.

—Yo tampoco.

Nos despedimos sin mirarnos y sin la esperanza de volver a vernos. Yo me encerré en mi cuarto, y mamá me preguntó:

—¿Por qué te encerrás?

—Porque me gusta estar encerrada. Hay tanta gente en esa casa. Prefiero el silencio absoluto.

—Pero no tenés edad para imponer tus gustos.

—¿Hay una edad?

—No sé, pero creo que una niña de tu edad no tiene el derecho de hacerlo, de ningún modo.

Me levanté del asiento y corrí fuera del cuarto porque no me interesaba el diálogo. Me asfixiaba. En el colegio las cosas no andaban bien. Le dije a mamá que estudiar no me gustaba y me contestó con la misma insolencia de siempre.

—Seguirás estudiando hasta que te recibas.

Fue aquel día cuando tuve un sueño extraño. Soñé con un perro que me seguía por todas partes. Lo adopté. Era divino, blanco, con manchas negras y me hablaba. Me hablaba de su vida, como una persona grande. Durante el día no hice más que extrañarlo hasta que de pronto, como por encanto, en un momento en que alguien dejó la puerta de la calle abierta, apareció. Se acercó a mí y se acostó a mis pies. Tenía un collar de cuero con clavitos y su nombre escrito en letras doradas: Clavel. 'Clavel' le dije, le di un beso, no en la boca porque mi madre no me lo permite, y lo acaricié hasta la hora de dormir. Le preparé una cama con un almohadón y una sábana pequeña.

Mi madre me dijo:

—¿Dónde encontraste este perro? ¿Alguien te lo regaló?

—No, mamá. Nadie me lo regaló.

—Entonces … ¿cómo se llama?

—Clavel—le dije—. Es mío y nunca lo olvidaré.

Esta circunstancia nos unió a mamá y a mí. No nos pelearíamos más. Dejó que el perro durmiera conmigo y es raro imaginar que mi madre empezara a creer en mi poder de adivinación no sé por qué misterio, y me preguntara, si alguien se enfermaba:

—¿Qué tendrá esa persona? ¿Qué remedio le daré?

Yo le aconsejaba remedios raros que había oído nombrar, y ella en seguida los aplicaba con éxito y me agradecía. Un día me presentó a la familia. Yo no sé si era en broma o en serio.

—Aquí les presento a nuestra pequeña adivina. Consúltenla. Ella sabe todo lo que va a suceder.

Fue así como me volví abiertamente adivina y salí unos años después en un diario con Clavel. Anunciada con un titular en letras grandes LA ADIVINA COMPULSIVA. Pero tengo que relatar los vastos experimentos de mi vida. Ustedes saben que yo tenía un pelo muy bonito y enrulado, unos ojos tan misteriosos que todo el mundo que los miraba no los olvidaba nunca.

Mi madre tenía una boutique donde vendía antigüedades inventadas y a veces verdaderas. Trabajé para ella y recuerdo que mis invenciones tuvieron mucha suerte. Un ángel que armé con cartón y plumas de paloma fue muy solicitado. Me respetaban no sólo por adivinadora sino como artista. Ganamos mucha plata. Una familia norteamericana me encargó varios adornos, que formé con mis manos. Inventé barajas para adivinar la suerte y todas fueron especialmente instructivas.

Una tarde, en la boutique, donde ayudaba a mi madre en la venta de objetos, apareció Armindo, como en mis sueños. Se dirigió directamente a mí. De pronto me dijo:

—¿Qué hacés aquí? Te esperé varios días en la esquina de tu casa pensando que no me habías olvidado. También te esperé a la salida del colegio. ¿Crees que por ser una niña cualquiera puedes permitirte insolencias como las que te permites? A mí no me gusta tu manera de ser, como no me gustan tu peinado ni tus ojos ni los adornos que llaman antigüedades en la boutique de tu madre. No me gusta nada de lo que se refiere a vos.

Me acerqué tapándome las orejas. ¿Dónde estaría el encanto que yo le había descubierto el primer día en que lo vi? Le dije con una voz difícil de reconocer:

—Váyase de aquí inmediatamente —y, viendo que no obedecía mis órdenes, llamé a Clavel y le dije en alemán *fass*, que significa 'chúmbale'.

Clavel salió de debajo del piano donde estaba dormido y se abalanzó sobre Armindo. Le mordió un brazo hasta que brotó sangre. Herido por el perro, Armindo salió gritando:

—Me las vas a pagar, puta del diablo.[5]

Salió de la boutique. Nadie quiso intervenir en la ridícula disputa y Clavel volvió a su lugar debajo del piano. Por suerte mi madre no oyó la palabra 'puta', que no le gusta. A mí tampoco.

Aquella noche tuve un sueño premonitorio. Dormía en mi cama tranquilamente cuando entró Armindo con el propósito de violarme. ¡Traía un cuchillo en su abrigo? ¿Yo lo sentía? Si Clavel le ladraba, ¿Armindo lo iba a matar? Nada de todo eso sucedió. Mis sueños ya sabían que yo no les obedecía. Armindo se acercó a mi cama, sacó el cuchillo y me lo clavó en el corazón, única manera de matarme; pero no me mató ni sentí dolor. Me reí de él hasta las lágrimas. Cuando desperté, la vida siguió su curso y fue después de muchos días en que la noche no me permitía dormir cuando llegué a la convicción de que Armindo me amaba incontrolablemente y que yo era una *adivina* que peleaba contra sus sueños.

Soñé que subía al altillo, con una canasta con botellas. La escalera era muy empinada y en la oscuridad perdí pie; fui cayendo del quinto piso, del cuarto piso, del tercer piso, del segundo piso y seguí cayendo, sin pisos ya, en la oscuridad. No era un sueño, era una pesadilla. Al caer sentí ruido del ascensor, los cables se entrechocaban, me envolvían, me destruían. Pensé que nunca me

[5]*You damned whore.*

despertaría y me pareció que me encontraba en la iglesia. Cuando desperté, no sabía dónde estaba. Temblando me levanté de la cama. Entonces resolví inflexiblemente ir contra mis sueños.

Nunca subía al altillo. Al día siguiente resolví subir llevando una canasta, como en mis sueños. Subí con cuidado. Llegué arriba aliviada. No me pasó nada. Pocos días después volví a subir con libros, cien libros y revistas. Subí con cuidado, un infinito cuidado. Día tras día subí descalza por la escalera del altillo llevando diferentes cosas y cada vez lo hacía más rápidamente, sintiendo el alivio de desobedecer a mi sueño. Mataba mis sueños. Fui destruyendo mi poder de adivinación para no morir jamás. Clavel me seguía. Armindo vino a buscarme varias veces en sueños. Después, al despertar, no quise verlo. Soñé que me casaba. El sueño de mi boda quedó fotografiado en las paredes de mi dormitorio. Cerré los ojos. Sólo acepté un vestido precioso que tengo puesto y una pulsera de oro verdadero.

¿Qué adivina tiene la fotografía anticipada de un amado de ojos azules verdes violetas que me sirven de noche de velador? ¿Qué adivina ha logrado que sus sueños queden fotografiados en las paredes de su dormitorio? Soy una adivina muy especial, sin duda. Y a pesar de ir contra mis sueños, sigo siendo, pobre de mí, una adivina.

En la escuela me pusieron el sobrenombre de extraterrestre. Mi carácter había cambiado. Ya no me importaba nada. Era muy atrevida y recuerdo que, en los jardines donde había columpios, me lanzaba en el aire como si tuviera alas. Mis sueños comenzaron a cambiar. No soñaba con Armindo ni con mis amigas; todo se parecía a lo que veía en el cine y en el televisor. Pensé que podría inventar una historia que despertara la curiosidad de todo el mundo, pero tenía que vivirla, porque contarla no era bastante.

Fue en aquella época cuando me saqué un premio en los juegos para niñas de los concursos de la televisión y me saqué un pasaje a Bariloche, con patines para patinar en la nieve.

En mi sueño, en cambio, el calor era horrible. Había que bañarse en el agua del Río de Janeiro. No quería vivir aquel sueño. Un conjunto de ropa tejida[6] incluía el premio. Mi madre me regaló una

[6]*A knitted ensemble.*

116

valija muy bonita, que todavía conservo. Ahí puse la ropa de lana, el gorrito y los guantes. La noche del día en que recibí el premio, no pude dormir. Teníamos que tomar el micro de excursión a las siete de la mañana. A las cinco ya estaba lista, pero las otras chicas llegaron tarde y, como yo ya no dependía de mi sueño para guiarme, visité el lugar donde llegan los trenes, en Constitución. Tomé un café muy caliente y, aunque digan que el café pone nerviosas a las personas, me tranquilizó. No me había despedido de mi madre, pero eso no me preocupaba, de modo que, cuando subí al micro, me sentí liviana como un pájaro y tan feliz que todas mis compañeras me envidiaban. '¿Envidiarme? ¿A quién importa que la envidien.' A mí me parecía muy divertido y que formaba parte de mi aventura. Me olvidé de mi casa, del jardín, de todas las flores: iba a conocer otro mundo, mucho más divertido, otras caras. Si los hombres se estuvieran viendo todo el tiempo tal vez nunca llegarían a quererse. Habría que ver todos los días a personas distintas.

Select bibliography

This is a selected bibliography of works by the writers included in this anthology and of some of the more relevant critical studies on the chosen stories. For fuller bibliographical information consult: *Encyclopedia of Latin American Literature*, edited by Verity Smith, London, Chicago: Fitzroy Dearborn Publishers, 1997.

Bombal, María Luisa

La última niebla, Buenos Aires: *Sur*, 1935 (novella).
La amortajada, Buenos Aires: *Sur*, 1938 (novel).
'El arbol', Buenos Aires: *Sur*, 142 (August 1946); Valparaíso, Chile: Universitarias de Valparaíso, 1977 (short fiction).
'La historia de María Griselda', Buenos Aires: *Sur*, 142 (August 1946); Valparaíso, Chile: Universitarias de Valparaíso, 1977 (novella).

Critical works
Agosín, Marjorie, *Las desterradas del paraíso, protagonistas en la narrativa de María Luisa Bombal*, Montclair, N.J.: Senda Nueva de Ediciones, 1983.
Boyle, Catherine, 'The fragile perfection of the shrouded rebellion (re-reading passivity in María Luisa Bombal)', in *Women Writers in Twentieth Century Spain and Spanish America*, edited by Catherine Davies, Lampeter, Wales: Edwin Mellen Press, 1993.
Gligo, Agata, *María Luisa (Sobre la vida de María Luisa Bombal)*, Chile: Editorial Andres Bello, 1984.
Kostopoulos-Cooperman, Celeste, *The Lyrical Vision of María Luisa Bombal*, London: Tamesis, 1988.
Smith, Verity, 'Dwarfed by Snow White: Feminist revisions of fairy tale discourse in the narrative of María Luisa Bombal and Dulce María Loynaz' in *Feminist Readings on Spanish and Latin-American Literature*, edited by L. P. Condé and S. M. Hart, Lewiston: Edwin Mellen Press, 1991, pp. 137–49.

Somers, Armonía

La mujer desnuda, Montevideo: Revista Clima, n°2–3, 1950 (novel).
'El derrumbamiento', Montevideo: Salamanca, 1953 (short fiction).
Todos los cuentos, 1953-67, Montevideo: Arca, 1967 (short fiction).
Un retrato para Dickens, Montevideo: Arca, 1969 (novel).
Viaje al corazón del día, Montevideo: Arca, 1986 (novel).
Sólo los elefantes encuentran Mandrágora, Buenos Aires, Legasa, 1986 (novel).
La rebelión de la flor, Montevideo: Linardi y Risso, 1989 (anthology of short fiction).
'Carta abierta desde Somersville', *Revista Iberoamericana*, 58: 1155-65, 1992 (essay).

Critical works

Cosse, Rómulo, ed., *Armonía Somers: papeles críticos*, Montevideo: Linardi y Risso, 1990.

Dapaz Strout, Lila, *La rebelión de la flor: La metamorfosis de un icono en* 'El derrumbamiento', Puerto Rico: *Revista Atenea*, 3ra. época, n° 1-2.

Picón Garfield, Evelyn, *Women's Voices from Latin America: Interviews with Six Contemporary Authors*, Detroit: Wayne State University Press, 1985.

Rodriguez-Villamil, Ana María, *Elementos fantásticos en la narrativa de Armonía Somers*, Montevideo: Ediciones de la Banda Oriental, 1990.

Visca, Arturo Sergio, 'Un mundo narrativo fantasmagórico y real', in Cosse, *Armonía Somers*, pp. 11-15.

Castellanos, Rosario

Balún Canán, Mexico City: Fondo de cultura económica, 1957 (novel).

Ciudad Real: cuentos, Mexico City: Novaro, 1960 (short fiction).

Oficio de tinieblas, Mexico City: Joaquín Mortiz, 1971 (novel).

Album de familia, Mexico City: Joaquín Mortiz, 1971 (short fiction).

El eterno femenino, Mexico City: Fondo de cultura económica, 1975 (play).

Mujer que sabe latín, Mexico City: UNAM, 1973 (literary criticism).

Poesía no eres tú: obra poética 1948-1971, Mexico City: Fondo de cultura económica, 1972 (poetry).

Meditación en el umbral: antología poética, edited by Julian Palley, Mexico City: Fondo de cultura económica, 1985 (poetry).

Critical works

Ahern, Maureen and Mary Seale Vásquez, *Homenaje a Rosario Castellanos*, Valencia: Albatross, 1980.

Fishburn, E. '"Dios anda en los pucheros": feminist openings in some late stories by Rosario Castellanos', *BHS*, 72, 1995, pp. 97-110.

Furnival, Chloe, 'Confronting myths of oppression: The short stories of Castellanos' in *Knives and Angels: Women Writers in Latin America*, edited by Susan Bassnett, London: Zed Books, 1990.

Meyer, Doris, ed., *Lives on the Line: The Testimony of Contemporary Latin American Authors,* Berkeley: University of California Press, 1988.

Poniatowska, E., *Ay vida, no me mereces*, Mexico City: Joaquín Mortiz, 1985.

Scott, Nina M., 'Rosario Castellanos: Demythification through laughter', *Humor*, 2/1, 1989.

Ferré, Rosario

Papeles de Pandora, Mexico City: Joaquín Mortiz, 1976 (short fiction).

Sitio a Eros: trece ensayos literarios, Mexico City: Joaquín Mortiz, 1980 (essays).

Fábulas de la garza desangrada, Mexico City: Joaquín Mortiz, 1982 (poetry).

Maldito amor, Mexico City: Joaquín Mortiz, 1986 (novel).

Cortázar, el romántico en su observatorio, San Juan, Puerto Rico: Cultural, 1991 (essay).

'Destiny, language, and translation, or Ophelia adrift in the C & O Canal', in *Women's Writing in Latin America. An Anthology*, edited by Sara Castro-Clarén, Sylvia Molloy and Beatriz Sarlo, Boulder, Ca.: Westview Press, 1991, pp. 89-94 (essay).

'La cocina de la escritura', in *La sartén por el mango*, edited by Patrica Elena González and Eliana Ortega, Ediciones Huracán, Puerto Rico, 1984.

Critical works

Fernández Olmos, Margarita, 'Rosario Ferré in *Spanish American Women Writers: A Bio-Bibliographical Source Book*, edited by Diane E. Marting, New York: Greenwood Press, 1990.

García Pinto, Magdalena, *Women Writers of Latin America*, University of Texas Press, Austin, 1988.

Gelpí, J. G., *Literatura y Paternalismo en Puerto Rico*, Editorial de la Universidad de Puerto Rico, 1994.

Ortega, J., *Reapropiaciones (Cultura y nueva escritura en Puerto Rico)*, Editorial de la Universidad de Puerto Rico, 1991, pp. 205-14.

Ocampo, Silvina

Antología de la literatura fantástica, edited with J. L. Borges and A. Bioy Casares, Buenos Aires, Sudamericana, 1940.

Autobiografía de Irene, Buenos Aires: *Sur*, 1948 (short fiction).

La furia y otros cuentos, Buenos Aires: *Sur*, 1959 (short fiction).

Las invitadas, Buenos Aires: Losada, 1961 (short fiction).

Informe del cielo y del infierno, Caracas: Monte Avila, 1970 (short fiction).

Y así sucesivamente, Barcelona: Tusquets, 1987 (short fiction).

Lo amargo por dulce, Buenos Aires: Emecé, 1962 (poetry).

Las reglas del secreto, ed. M. Sánchez, Buenos Aires: Fondo de cultura económica, 1991 (compilation and anthology).

Critical works

Klingenberg, Patricia M., 'The twisted mirror: the fantastic stories of Silvina Ocampo', *Letras Femeninas*, 13/1-2, 1987.

Ulla, Noemí, *Encuentros con Silvina Ocampo*, Buenos Aires: Editorial de Belgrano, 1982 (the author in conversation with Noemí Ulla).

Temas de discusión

'La historia de María Griselda'

1. ¿Cuál es 'la historia' de María Griselda?
2. Examina la representación de la familia en este cuento.
3. ¿Estás de acuerdo con la opinión de que 'La historia de María Griselda' es un cuento de hadas a la inversa?
4. Examina el uso de los colores en este cuento.
5. Examina la relación entre 'lo femenino' y la naturaleza en este cuento.

'El derrumbamiento'

1. Discute los varios derrumbamientos que se producen en el cuento (tanto a nivel literal como figurativo).
2. Comenta el uso del lenguaje de las flores.
3. ¿Te parece que 'El derrumbamiento' es un cuento racista?
4. ¿Hasta qué punto puede calificarse este cuento de realista?
5. Analiza el tratamiento que Somers le da al tema de la virginidad. ¿Te parece que reafirma o subvierte el papel preponderante que se le da en sociedades católicas?

'Lección de cocina'

1. Describe los cambios en la vida de la protagonista como consecuencia de su casamiento.
2. Comenta la relación que hace la protagonista entre asar un pedazo de carne y lo que ocurre en su vida.
3. ¿Por qué se siente ofendida la protagonista por el tono de los libros de cocina?
4. Analiza el uso que hace Castellanos de la ironía.
5. Comenta el uso de alusiones en este cuento (a Cuauhtémoc, Romeo y Julieta, Casanova, Santa Teresa, Sor Juana).

'Mercedes Benz 220 SL'

1. Analiza la relación entre Mami y Papi, y compárala con la relación entre la pareja más joven.

2. Comenta los aspectos lingüísticos y estilísticos que te hayan llamado la atención. ¿De qué modo afectan la(s) lectura(s) del cuento?
3. ¿Qué papel juega el Mercedes en este cuento?
4. ¿Cuál es la función de la memoria en este cuento?
5. Analiza el final del cuento. ¿Por qué visita la chica a Mami? ¿Cómo explicas la versión de Mami de esta visita?

'Soñadora compulsiva'

1. Enumera los sueños de Luz y trata de interpretarlos.
2. ¿Cuál es la función que desempeñan las cartas y el azar?
3. Discute la relación entre Luz, su mamá, y Armindo.
4. ¿Cómo trata Ocampo el tema de la locura? Responder con relación a la técnica narrativa.
5. Analiza la representación de la niñez.

Temas de debate

1. Analiza el tema de la marginación en estos cuentos.
2. Evalúa la utilidad de las teorías literarias contemporáneas para un análisis feminista de estos cuentos.
3. Según tu opinión, ¿cuáles serían los rasgos más característicos de la ficción feminista? Contesta haciendo referencia a los cuentos estudiados.
4. 'Inmersa en una tradición que ha hecho de la mujer virgen o pecadora, esfinge, mujer fatal, madre o bruja, la escritora se enfrenta con imágenes que han oscurecido el espejo en el que ella se busca a sí misma para representarse.' Discute la narrativa de algunos de estos cuentos a la luz de este dictamen.
5. Discute cómo se representa en estos cuentos la dinámica interna de la familia patriarcal.
6. Examina las diferentes maneras en las que las tradicionales nociones sobre la femineidad son rebatidas o reforzadas en estos trabajos.
7. ¿Hay algo que une a estos cuentos?
8. Analiza el uso de la fantasía en los diferentes cuentos.
9. Examina el uso de la ironía en los diferentes cuentos.
10. Compara las diferentes voces narrativas de estos cuentos.
11. Analiza los vínculos que unen a los personajes femeninos en algunos de estos cuentos.
12. Hay palabras claves que definen la literatura escrita por mujeres: entre ellas, la subversión. ¿En qué sentido y hasta qué punto te parecen subversivos estos cuentos?
13. Examina la relación entre el poder y/o la cultura y la sexualidad en estos cuentos.

Selected vocabulary

The meanings given below are those most appropriate to the context of the stories.

acantilado, cliff
acechado, cornered
acechar, to lie in wait
aceituna, olive
acongojado, griefstricken
afanadoras, cleaners (**f.**)
afelpada, velvety
afligirse, to get upset
agazapados, hiding
alabada, praised
albura, whiteness
alero, eaves
aletas, nostrils
alondra, lark
alpargatas, espadrilles, sole-roped shoes
altanería, haughtiness
altillo, attic
altiva, haughty
amordazar, to gag
añadidura (**por**), in addition
anclada, anchored
anonadada, overwhelmed
antinomia, antinomy, a contradiction in a law
antro, shack
apego, adherence
aporía, a professed doubt of what to say or choose
apremio, pressure
apretado, compressed
ardilla, squirrel
armatoste, hulking great thing
arrebujarse, to wrap oneself up
arremeter, charge (at sth)
atestada, jam-packed
atisbar, to discern, hear
atolondrada, recklessly
atónita, speechless
aturdida, dazed, bewildered

avellanas, hazelnut trees
azabache, jet
azotar, to brush against

baba, spit
balbucir, to stammer
bamboleando, swaying
barajar, to shuffle
barajas, pack of cards
batón de gasa, chiffon negligée
bayeta, soft cloth; cream coloured duster
bochinche, riot, racket
borbotones (a), fiercely; gushed out
botando, bringing up, vomiting

cafres, yobs, louts
calado, drenched
caño, barrel (gun)
capilares, roots (hair)
cavilosos, ponderous
cebar, to fatten up
celaje, cloudscape
celeridad, speed
ceñir, to adhere to
cerciorarse, to make certain; to find out for themselves
cerrojos, bolt (door)
cetro, sceptre
cirios, candles
columpios, swings
concupiscencia, lustfulness
congoja, anguish
copihues, copihue flowers,
cuela (**por si**), just in case
cuneta, ditch

chamuscados, charred
charamusca, candy twist; ugly woman

chata, flat
chinches, bedbugs
'**chúmbale**', 'get 'em', attack
chuncho, chuncho owl

desbaratado, ripped open
desfallecimiento, fainting spell
desperezarse, to stretch out
desprolija, untidy
destrezas, skills
desvanecer, to banish

embargar, to overcome (someone); to
    oppress
empecina, insists
emperifollada, preened
empinándose, leaning backwards
emplegostado, plastered
empotrado, fitted
enarbolar, to lift
encanecer, to go grey
encías, gums
enderezarse, to straighten up
engarzados, set,
engullirse, to drown; *lit.* to gobble up
enrulado, curly
ensartadas, strung together
entraña, entrail
eructo, belch
escarbando, digging
escombros, rubble
escote, décolletage, low neckline
escurrir, to escape
esfinge, sphinx
eslabón, link
espacharrada, crushed
espesándose, thickening
esplayado, splayed
estampido, blast
estante, shelf
estentóreo, noisy
estragón, tarragón

falenas, night butterflies
faz, face
febril, feverish
féretro, coffin
fieltro, felt
filosos, sharp
fragor, roar

fuga, escape
fulminada, stricken
fundo, hacienda, landed estate
fusta, whip

ganga, bargain
garabatear, scribble
gasa, gauze
gavetas, drawers
golondrina, swallow
grieta, ravine
grumoso, crumpled
guarecerse, to seek cover
guijarro, stone
guijarros, pebbles
gula, gluttony

hadas, good fairies
halagadora, flattering
harapo, rag
henchidos, rounded
hendiendo, mark with its relentless tick-
    tock
hieratismo, inscrutability
horquilla, hairpin
hostigar, to rustle
huidiza, in flight
hundida, sunken
hurgar, to search, delve (to extract)

ímproba, enormous, arduous
impronta, stamp, imprint
iracunda, angry

jaculatorias, short prayers

lacio, languid
lagartos, lizards
lajas, slabs
lápida, gravestone
lidiar, to deal with, battle
limo, slime
llagas, sores
lozanía, freshness
luciérnaga, firefly

mamut, mammoth
mancillar, to stain, besmirch
manirrota, heavy handed
manto, cloak

mazo, pack (of cards)
mella, dent
mico, long-haired monkey
micro, omnibus (long distance)
mimar, to spoil (someone)
miosotis, forget-me-nots
mordaz, scathing
mullidos, fluffy
muslo, thigh

nimiedad, trifle
nodriza, nurse
nokea, knocks off

orla, trimming

paloma, dove
peinador, dressing-table
peldaño, step
pelmazo, a bore
pingajo, rag
plancha, grill
pleguste de sangre, blood clot
pretil, parapet
prolegómenos, prolegomenon, introduction
propedeutica, propaedeutic, a preliminary study
puchero, stewpot
pueril, childlike
pulcritud, pulchritude; immaculate appearance
puntualizar, to specify

rajar, rip
recetarios, recipe books
regadera, shower
regalona, my pet
regirse, to be ruled
remanso, haven
rencor, resentment

rendija, ravine
repisa, shelf
resbaladizo, slippery
restregándose, rubbing against each other
roma, Roman
ronquidos, snores

serranías, mountains
sigilo, stealth
soltura, ease
sordina, mute
sosiego, tranquility
supurando, oozing

tajo (**no dar un tajo**) not give a damn
taladrando, drilling through
tara, defect
tarada, mentally retarded; stupid
taumaturgo, sorcerer
terciopelo, velvet
tirabuzón, corkscrew
tiritado, shivered
titilaba, twinkled
toparse con, to meet with, come across
torpe, dim (person)
tranquera, gate (for cattle)

vaho, stench
vara, stem
vedar, to prohibit
velador, bedside-table lamp
viandante, passer-by
viboreando, winding his way
voluble, fickle

yerta, rigid, motionless
yeso, plaster

zancos, stilts
zarzas, brambles